Michael Martin

Mein Körper lügt nicht oder German Watergate XXL

Untertitel

Alle Rechte der Verbreitung, auch durch Film, Funk und Fernsehen, fotomechanische Wiedergabe, Tonträger, elektronische Datenträger und auszugsweisen Nachdruck, sind vorbehalten.

Für den Inhalt und die Korrektur zeichnet der Autor verantwortlich.

© united p.c.
in der novum publishing gmbh
Rathausgasse 73, A-7311 Neckenmarkt
office@united-pc.eu

Gedruckt in der Europäischen Union auf umweltfreundlichem, chlor- und säurefrei gebleichtem Papier.

www.united-pc.eu

Da mein bestes Alter
JETZT ist, bin ich
JUNG genug
um NEUES
anzufangen!

Thomas Johansson

73 Jahre alt

Köln Februar 2023

„Alles hängt mit allem zusammen."
Zugegeben, bislang spielte diese Binsenweisheit in meinem Leben keine größere Rolle. Das änderte sich, als ich vor ein paar Wochen mit meinem Enkel wieder den alten Schinken „Die Unbestechlichen" mit Robert Redford und Dustin Hoffman anschaute.
Zwei Journalisten, die Jahre so richtig gekämpft haben, um den Watergate-Skandal aufzudecken. Genau dieser Film gab mir den notwendigen Tritt in den Hintern, um jetzt das aufzuschreiben, was ich schon seit Jahren mit mir herumschleppe. Und ohne den April im Jahr 1983 hätte ich nie erfahren, was mein Leben mehr beeinflussen sollte als alles, was ich bis dahin erlebt hatte. Alles hängt mit allem zusammen.
Aber zunächst zu uns. Ich bin Thomas Johansson, Baujahr 1948. Meine Mutter war alleinerziehend, ich ihr Einzelkind. Wiebke, drei Jahre älter als ich, kenne ich seit meinem Studium. Sie war schon im 5. Semester BWL, als ich mit

Psychologie anfing. Als sie fertig war, beschloss ich, mir meinen gewaltigen Irrtum einzugestehen und mein Studium zu schmeißen. Mein Irrtum war zu glauben, mein Studium hätte vor allem etwas mit Menschen zu tun.
Stattdessen kämpfte ich mit Statistik und Mathematik, lernte katalogisieren, lernte Normen auswendig, steckte Menschen in Schubladen. Nur mit Menschen selbst, damit beschäftigte sich mein Studium kaum.
Wiebke hatte einen guten Job bei der Alligrip bekommen, immerhin einer der ganz großen Versicherungskonzerne. Sie konnte sich eine zweieinhalb Zimmer Wohnung in Hamburg-Nettelnburg leisten, in die ich dann mit eingezogen bin. Wiebkes Gehalt und die durchaus großzügige Unterstützung meiner Mutter, genannt Modder, sorgten dafür, dass ich eine Privatschule bezahlen konnte, die mich zum Physiotherapeuten ausbildete und trotzdem noch gut leben ließ.
Physiotherapie ist deutlich handfester

als Psychologie.
Genau das Richtige für mich, denn ich bin auch handfester und fürs rein Theoretische wohl einfach auch zu faul. Und so entwickelten wir uns ganz langsam zu einer etwas biederen, aber glücklichen Familie. Ich bekam nach der Ausbildung einen Job in der Uniklinik Eppendorf, kurz UKE, und Wiebke machte Karriere bei ihrer Alligrip.Erst Abteilungsleiterin, dann Bereichsleiterin. Dann kam Bosse, ein Jahr danach haben wir geheiratet, und dann kam Emma. Aus der Wohnung in Nettelnburg wurde ein Reihenhaus in Bergedorf, aus dem Polo ein mittelgroßer BMW, Firmenwagen versteht sich. Wiebke verdiente nicht nur das Vierfache von mir, sie bekam zum Ausgleich auch noch einen Firmenwagen. Ja, Wiebke ist eine sehr besondere Frau. Sie sieht nicht nur umwerfend gut aus, sie ist nicht nur außerordentlich gescheit, sie kann feine Dame genauso wie Straßenjargon und hat ein unendlich großes Herz.

Meine Geschichte beginnt im April 1983. Unser Sohn Bosse war sieben, unsere Tochter Emma zwei und ich mit meinem Leben sehr zufrieden. Ich weiß noch genau, es war ein Donnerstag in diesem besagten April 1983, als ich beim Nachhausekommen einen Zettel auf dem Küchentisch fand.

Ein Zettel mit FolgenHamburg, April 1983

Gerade noch mal geschafft. Ich laufe auf den Bahnsteig und die S-Bahn fährt ein. Genau so liebe ich es. Klar, um diese Zeit kommt alle 10 Minuten eine neue Bahn. Trotzdem, 10 Minuten sind 10 Minuten. Ich hole morgens schon um 7 Uhr die Patienten aus den Betten, was in der Regel auf wenig Gegenliebe stößt. Dafür habe ich dann aber schon um 14.00 Feierabend. Da Bosse nach der Schule zu meiner Mutter geht und Emma erst um 16:30 Uhr von mir aus der Krippe geholt werden muss, die nur zwei Straßen neben unserem

Reihenhäuschen liegt, habe ich täglich noch etwas Zeit nur für mich, und da zählt nun mal jede Minute. Unsere kleine Reihensiedlung liegt in der Friedberger Straße. Vom Bahnhof mit dem Fahrrad eine Viertelstunde entfernt. Wenn ich so gegen 15 Uhr in Bergedorf ankomme, gibt es noch keine Rushhour, und ich kann den Heimweg auf dem Rad genießen. Unsere kleine Siedlung besteht aus zwei Reihen, mit jeweils sechs Häusern nebeneinander. Unser Haus ist das Vorletzte. Das Geniale ist, dass die Zufahrt zu unserem Haus lediglich mit dem Auto zum Be- und Entladen befahren werden darf. Vor den Häusern sind die jeweiligen Mülltonnen in stabilen Boxen untergebracht. Nun kann es durchaus passieren, dass, wenn man am Sonntagvormittag den Müll rausbringt, ein Nachbar das Gleiche tut.
Man fängt erst an zu klönen, holt dann schon mal ein gemeinsames Bier raus, was wiederum den nächsten Nachbarn animiert, dazuzukommen. Schon bald

hat sich dann die ganze Nachbarschaft auf der Zufahrt versammelt, die Grills werden rausgeholt, die Kühlschränke nach Grillbarem geplündert, bis dann am Abend die Kinder ins Bett müssen, und ich damit das Wegbringen vom Müll abschließen kann.

Häufig kommen mir schon die Kinder unserer Nachbarn mit Rutscheauto und Roller entgegen. So auch an jenem Donnerstag. Auch wenn es einige Mütter nicht so gern sehen, ich habe immer ein paar Minitüten Gummibärchen dabei, und ich werde schon deshalb immer freudig begrüßt. Nachdem ich dieses Ritual hinter mich gebracht habe, geht's ins Haus, und dort geht mein erster Gang zur Kaffeemaschine. Heute sehe ich einen Zettel auf dem Küchentisch. Soll ich etwa außer der Reihe einkaufen gehen? Ich lese: „Du hast heute Abend was vor. Mach dich schick, es gibt eine Fischplatte im Elysee." Wahnsinn! Bei der letzten Fischplatte eröffnete mir Wiebke, dass wir wieder Eltern werden.

Bei Bosse hat sie mir das noch bei Tonio, bei einer Pizza Margherita gesagt. Aber keine Frage, Fischplatte im Elysee, das ist schon was sehr Besonderes. Ein drittes Kind? Warum denn nicht. Da wir schon einen Jungen und ein Mädchen haben, ist die Wahrscheinlichkeit ja überaus groß, dass wir auch bei einem Dritten nur zwei Kinderzimmer brauchen würden. Ich trank meinen Kaffee, und mir lief schon das Wasser im Mund zusammen, wenn ich nur an die Fischplatte von damals dachte. Es war zwar schon über zwei Jahre her, aber ich weiß noch genau, was es gegeben hat. Als Vorspeisengang drei Austern für jeden. Eine Natur mit Zitrone, eine mit Apfelvinaigrette, und eine mit altem Parmesan überbacken. Dann ein kleines Tässchen Krebsschwanzsüppchen, leider nur ein kleines, dabei ist sie einfach zum Niederknien. Dann noch ein Bruschetta mit Lachstatar, natürlich Sushi-Qualität. Und dann die Fischplatte. Loup de Mer

in der Salzkruste gebacken, Duett vom ausgelösten Hummer mit Langusten, gebratener Aal, Filet vom Saibling, Safranreis, gebackene Kartoffelbällchen, Kräuterschaumsauce, Hummersauce und Tomaten-Hollandaise und feinstes mediterranes Gemüse. Was für ein wunderbarer Abend wartet da auf mich?
Und so kam am Abend mein feiner Zwirn, mein weißes Hemd mit den goldenen Manschettenknöpfen und der gestreifte Schlips zum Einsatz. Natürlich hat mein Organisationswunder Wiebke an einen Babysitter gedacht. Wiebke selbst sah umwerfend aus. Sie hatte ihr blaues eng geschnittenes Kleid an. Mein Lieblingskleid, es brachte ihre tolle Figur so wunderbar dezent zur Geltung. Dazu ihr passender Seidenschal und schwarze Schuhe mit sehr hohen Absätzen. So ließen wir uns, ich voll freudiger Erwartung, ins Elysee chauffieren. Diesmal war dafür auch kein Taxi zu teuer.
Hamburger Schmuddelwetter, aber das

konnte meine Laune nicht im Mindesten trüben. Ich genoss schon die Taxifahrt durch die Stadt. Natürlich, wie immer spektakulär, die Fahrt über die Kennedybrücke, die parallel zur Lombardsbrücke verläuft, die Binnenalster, mit hell erleuchtetem Alsterhaus und Alsterpavillon, überhaupt, alles ist dort hell erleuchtet. Schade, dass wir nicht Dezember haben, da leuchtet nämlich dann immer, mitten in der Binnenalster, ein riesengroßer Weihnachtsbaum. Hätte jetzt so richtig gut zu meiner Stimmung gepasst. Na gut, man kann nicht alles haben. Dafür liegt auf der anderen Seite die Außenalster. Das Taxi fuhr vor, und ich hatte tatsächlich den Pagen erwartet, der uns die Tür öffnet. Der war nicht da, aber wir schafften es auch allein, die Autotüren zu öffnen und ins Elysee zu gehen.

Sofort war ich wieder gefangen von dieser Atmosphäre aus stilvoller Vornehmheit und legerer Stimmung. Ein Ober brachte uns an unseren Platz,und ich war jetzt schon rundherum glücklich. Als unsere zwei Gläser Champagner vor uns standen und nur aufs Anstoßen warteten, konnte ich es nicht mehr aushalten. „Nun sag schon, worauf stoßenwir an, du Geheimniskrämerin?", platzte es nun förmlich aus mir heraus. „Dukannst mir, oder besser noch uns beiden, gratulieren!", kam als nebulöse Antwort.   „Super meine Süße, wenn du mir noch sagst wozu, dann geht's auch sofort los mit dem Gratulieren." „Es hat geklappt, ich bekomme den Job",und meine Wiebke strahlte übers ganze Gesicht. Schluck! Kein Kind, nur ein neuer Job. Reiß dich zusammen und strahle gefälligst auch, sagte mir mein Bauch! „Super toll, mein Engel, ich gratuliere von ganzem Herzen. Zu welchem Job denn bitte schön?" „Erst anstoßen." Edler Champagner, 24,90 DM das Glas, der Job musste wirklich gut sein, denn meine Süße war alles, nur nicht verschwenderisch. Aber Champagner hin oder her, nun drängelte ich doch: „Und warum hast du mir nicht erzählt, dass du dich beworben hast? Du hast dich doch in deiner Alligrip immer sauwohl gefühlt!" „Erstens habe ich es dir erzählt, und zweitens bleibe ich doch bei der Alligrip." Na gut, ich bin beim Denken bei weitem nicht so schnell wie meine Wiebke, aber ich verstand nur Bahnhof. „Erstens kann ich mich nicht erinnern, jemals gehört zu haben, dass du dich bewirbst, geschweige denn, dass du mit mir darüber geredet hast. Und zweitens, du bist doch schon ein hohes Tier bei deiner Firma. Wo soll's denn noch hingehen?" Sie guckt mich mit ihrem „Du blickst auch gar nichts"-Blick an. „Also gut", sagt sie, „zum Mitschreiben für meinen Tommy. Erstens habe ich dir vor gut einem Monat, als du gerade Emma ins Bett gebracht hast, lang und breit erzählt, dass ich mich bewerben werde und zwar auf Vorschlag von Hiller." „Stopp", sage ich, „wie du weißt, bin ich, im Gegensatz zu dir, nicht multitaskingfähig, (sondern lediglich des Singletaskings mächtig). Wenn ich

Emma also ins Bett bringe, bringe ich Emma ins Bett und führe nicht gleichzeitig Diskussionen über Bewerbungen.Im Übrigen glaube ich auch weniger, dass du mit mir überhaupt darüber diskutieren wolltest. Und wer ist denn bitte Hiller?" „Hiller ist der Vorsitzende des Vorstands, Amis sagen CEO, der Alligrip, und du solltest das eigentlich wissen. Ach komm, Tommy, ich hab mich so auf den Abend gefreut, und nun lass uns nicht streiten. Der Job ist Wahnsinn! Bislang hat noch keine Frau je den Sprung in den Vorstand geschafft. Wir werden zu den Privilegierten gehören und, wenn wir auf dem Teppich bleiben, absolut keine Geldsorgen mehr haben." „Haben wir jetzt auch nicht!", entgegnete ich, zugegeben etwas enttäuscht über den Verlauf des Abends. Ich musste noch einen draufsetzen.

„Das heißt also mehr Geld, größeres Büro, mehr Macht, protzigeres Auto?" „Mein Gott, bist du eine Spaßbremse." Jetzt wirkte sie angefressen. „Du lebst doch bislang auch nicht schlecht von

meiner Karriere. Und statt dreistöckigem Reihenhaus mit Handtuchgarten, jetzt ein schönes Häuschen, mit richtigem Garten für die Kinder zum Spielen. Das könnte doch vielleicht sogar dir gefallen. Oder?"
„Versteh ich nicht! Was gefällt dir denn bitteschön nicht an unserem Reihenhäuschen? Wir haben tolle Nachbarn, die Kinder können auf der Straße spielen, und drei Stockwerke tun einem Büromenschen wie dir nur gut."
Zum Glück hatte ich zumindest die Lautstärke meiner Stimme im Griff, war aber ziemlich in Rage gekommen.
„Ja, ja, Herr Physiotherapeut, ich bewege mich schon ausreichend, auch ohnedrei Stockwerke. Aber was mir an unserem Häuschen nicht gefällt, ist, dass esin Bergedorf steht und ich in Köln arbeiten werde!" Rums! Das saß. Ich fühlte den Schlag tief in der Magengrube und konnte erst mal gar nichts mehr sagen. Das geht mir immer so, wenn ich so richtig einen Tiefschlag versetzt bekomme. Ich bin dann einfach

wehrlos. Nicht sehr männlich, und vor allem nicht erfolgversprechend, aber so ist das nun mal bei mir. Nach meiner Schweigephase konterte Wiebke mit: „Tommy? Tommy, nun ist aber gut. Ist doch klar, dass ich in Köln arbeiten werde. Schließlich ist da unsere Zentrale,und der Vorstand sitzt nun mal in der Zentrale. Ich dachte wirklich, dass dir das klar ist!" „Mir war weder klar, dass du dich beworben hast, und erst recht nicht, dass wir Hamburg deswegen verlassen müssen. Entschuldige, dass mich das umhaut." „Ok, ok. Ich schlage vor, wir besprechen morgen Abend alles in Ruhe zu Hause, oder wir bestellen die Platte wieder ab, wenn es noch geht, und klären gleich das Thema. Wie hättest du es gern?" Gleich klären würde heißen, überhaupt keine Chance bei Wiebke zu haben. Also gab ich klein bei und sagte: „Morgen geht nicht, da treffe ich mich mit Reiner. Aber dann eben übermorgen." Der Kloß im Bauch war nicht zu leugnen. Aber oh Wunder, als die Austern kamen mit dem Süppchen und der Bruschetta, da war dann der Kloß verschwunden und die Stimmung wieder friedlich und vertraut. Sie dürften bereits bemerkt haben, dass die allgemein übliche Rollenverteilung zwischen Mann und Frau bei uns nicht unbedingt dem entspricht, was man sich so allgemein darunter vorstellt. Als wir an diesem Abend ins Bett gingen und Wiebke ihre eiskalten Füße sich an meinen wärmen wollte, war ich sehr erleichtert. Das jedenfalls entsprach noch den Klischees. Angetörnt vom Champagner, dem Pouilly-Fumé und dem 25 Jahrealten Calvados und vom doch noch annehmbaren weiteren Verlauf des Abends, kuschelte sich Wiebkes süßer nackter Po in meinen Schoß. MeinemKopf hätte es mehr entsprochen, mich gedanklich schon mal auf übermorgenAbend vorzubereiten. Mein Körper musste aber nicht lange davon überzeugt werden, dass bei einem so süßen Po in meinem Schoß, Gedankenspiele nicht angesagt waren. Alte Weisheit, nicht nur von Physiotherapeuten, der Körper lügt nicht, und ohne alle Gedanken an übermorgen, genoss ich meineWiebke.

Mein Kampf ums BleibenHamburg

April 1983

Ich überlegte schon auf der S-Bahnfahrt zum UKE, was ich denn alles für handfeste Argumente vorbringen könnte, um einen Umzug nach Köln zu vermeiden. Um 6:30 Uhr war es aber eindeutig noch zu früh für solch wichtige Dinge. Ich hatte ja auch noch Zeit, und vielleicht könnte mir ja meinFreund Reiner, beim Bier nach unserem Squashmatch, noch gute Tipps mit auf den Weg geben.
Reiner ist mein Jahrgang. Er kam einen Monat nach mir ins UKE, als Assistenzarzt in die Chirurgie. Als er nach drei Tagen immer noch beim MittaginderKantine allein am Tisch saß, setzte ich mich am vierten Tag einfach zu ihm. Und das gemeinsame Mittagessen behielten wir, wenn seine Schicht es zuließ, bei. Und so erfuhr

ich, dass Reiner aus Stuttgart kam und nach dem Studium froh war, in Hamburg beim UKE eine erste Anstellung gefunden zu haben. Reiner war also waschechter Schwabe, der aber auch Hochdeutsch konnte. Ansonsten entsprach er aber schon dem Klischee, das ich so von Schwaben glaubte haben zu müssen. Er war nicht geizig, aber doch sehr sparsam, erzkonservativ, sehr gewissenhaft, und das nicht nur bei der Arbeit. Er konnte durchaus witzig sein und aus sich herauskommen, ein paar Bier waren dafür allerdings immer sehr hilfreich. Ich selber sehe mich in vielen Dingen ziemlich konträr zu ihm. Sparsam war ich nie, aus meiner Vorliebe fürsozialliberale Politik habe ich nie ein Hehl gemacht, und meine Gewissenhaftigkeit beschränkte ich meistens nur auf meine Arbeit. Auch mit Fleiß und Karrierebewusstsein konnte ich bei weitem nicht mit Reiner mithalten. Trotzdem, oder vielleicht, weil wir so verschieden waren, verstanden wir uns auf Anhieb. Immer freitags, wenn es Reiners Schicht zuließ, spielten wir Squash zusammen, und danach saßen wir immer noch auf ein oder zwei Bier beisammen.

Und heute war Freitag, ich hatte meine Sportsachen wie immer schon mit zur Arbeit genommen. Die Arbeit lenkte mich ab, aber nach Feierabend hatte ichnoch eine gute Stunde Zeit, und mein Kloß im Bauch ließ sich nicht mehr leugnen. Unsere Squashhalle lag in der Nähe vom Dammtor, und so fuhr ich mit der S-Bahn also zum Dammtor-Bahnhof. Wie oft werde ich hier noch aussteigen, schoss es mir durch den Kopf? Es dürfte an die Tausende gehen, wie oft ich hier schon ein- oder ausgestiegen bin. Ich sah den Bahnhof plötzlich mit ganz anderen Augen. Im Vergleich zu Hauptbahnhof und Altona, ein überschaubarer, fast gemütlicher Bahnhof. Trotzdem, jeder Zug, und sei er noch so lang oder wichtig, der vom Hauptbahnhof nach Altona fährt, hält am Dammtor. Die gelungene, deutlich sichtbare Eisen-Stahl-Konstruktion ist beeindruckend. Die Tauben, die niemand als störend empfindet und einfach hierher gehören, die Nähe zur Uni, zu Planten und Blomen, zum Fernsehturm und zum Messegelände. Plötzlich war mir das alles ganz wichtig, bislang war das alles nur selbstverständlich. Ich hatte noch Zeit, guter Grund, rüber nach Planten und Blomen zu gehen. Ich konnte mich kaum erinnern, wann ich das letzte Mal hier war. Die Frühlingsblumen boten ein so farbenprächtiges Bild. Gelb und blau gemischt mit rot und weiß. Ich wusste gar nicht, wie viele Sorten Tulpen es gab. Die Gefüllten und die Einfachen, die trotzdem wunderschön sind, und dann die ganz bunten Papageientulpen. Und Tulpen, von denen ich gar keine Ahnung hatte, dass es sie überhaupt gab. Warum ist mir das vorher nur nie so aufgefallen? Über dem kleinen See, der hinter einem Beet mit feuerroten, mir völlig unbekannten Blumen lag, waren Felsplatten verteilt, über die man

balancieren konnte. Ein Mädchen, in Bosses Alter, versuchte es. Etwas wackelig von der ersten Platte auf die zweite. Dort erst mal das Gleichgewicht finden, und jetzt ihr kurzer Sprung auf die dritte Platte.
Nochmal eine kleine Pause, und dann im Galopp über die restlichen Platten. Ich konnte ihrem Gesicht ansehen, wie stolz sie auf sich war. Musste mit meinen Kindern unbedingt hierher kommen, solange es noch möglich war.

Ich verlor an diesem Nachmittag jedes Spiel. „Mensch Alter, was ist denn losmit dir heute?", wollte Reiner am Ende unseres Matches wissen. „Erzähl ich dir gleich beim Bier", brummte ich vor mich hin.
Wir gingen, wie immer nach dem Spiel, zum alten und zum jungen Griechen. Manchmal aßen wir auch was, häufig beließen wir es aber beim Bier. So auch heute. Kalle, der junge Grieche, mit dem nicht unbedingt griechischen Namen, er wurde schließlich auch in Hamburg geboren, nickte nur und

brachte uns zwei große Holsten Pils. Beim Zweiten fragte dann Reiner: „Na, was hat denn deinen Siegeswillen so ungewöhnlich sinken lassen? Bist du krank, dann sag es dem Onkel Doktor."
„Ich würde mich hüten, einem Schlachter etwas von meinen Zipperlein zu erzählen", frotzelte ich zurück, „der kann doch nur mit seinen Messern heilen." „Verunglimpfe mir nicht die Metzger, mein Freund, ich liebe ihre Wurstwaren. Also los, was ist denn nun?" „Wiebke hat ein tolles Jobangebot von ihrer Firma bekommen. Sie soll als erste Frau eines DAX-Unternehmens in den Vorstand berufen werden."

„Wahnsinn", war Reiners erste Reaktion. „Mensch Tom, du Glückspilz, was hast du doch für eine tolle Frau. Nun sage mir bloß nicht, dass du ihr den Job nicht gönnst oder gar eifersüchtig auf ihren Erfolg bist."
„Quatsch, natürlich nicht. Aber dieser blöde Vorstand sitzt in Köln, sprich, wir ziehen dann weg aus Hamburg, und

das kann ich mir überhaupt nicht vorstellen."

„Aber wieso denn? Köln ist doch eine tolle Stadt, habe ich jedenfalls mal gehört. Ich glaube, die viertgrößte in Deutschland. Und die Rheinländer sind doch ein lustiges Völkchen", versuchte Reiner mich zu motivieren. Der Versuch allerdings scheiterte kläglich. „Ich will aber nicht weg aus Hamburg.Ich bin hier zu Hause, ich fühle mich verdammt wohl, und ich bin super zufrieden mit dem, was wir haben. Ganz genau so, wie es eben gerade ist."Reiner ist wirklich ein Freund. Wenn es ums körperliche Befinden ging, konnte er sehr hilfreich sein. Wenn es um Gefühle, überhaupt ums Seelische ging, war er allerdings immer sehr zurückhaltend. „Also ich habe den Umzug von Stuttgart nach hier wirklich als Bereicherung erlebt, und ich fühle mich verdammt wohl hier", versuchte er es noch einmal. „Ok, aber du lebst allein, und selbst deine Eltern wohnen schon lange nicht mehr im

Schwabenland.
Aber mich hält so vieles hier. Ich kann mir einen Umzug wirklich nicht vorstellen." „Aber du kannst doch Wiebke ihre Chance nicht versauen. Denkdoch mal drüber nach, so eine Möglichkeit für sie, nach ganz oben zu kommen, die wird sie wahrscheinlich nie wieder kriegen. Wie ich Wiebke kenne, wird sie das wohl kaum gut finden." Natürlich hatte Reiner Recht, wasaber meine Stimmung auch nicht besserte. „Wir werden morgen Abend drüber sprechen", sagte ich, „aber wahrscheinlich wird es wohl darauf hinauslaufen, dass ich den Kampf, hier zu bleiben, nicht gewinnen werde. Kämpfen werde ich trotzdem." „Klar, mach das. Mich würdest du übrigens nicht loswerden. Ich komme euch in jedem Fall besuchen." Genau diese Unterstützung in meinem Kampf, hier zu bleiben, die hatte ich mir gewünscht. Schöner Freund.
Bis zum Feierabend am nächsten Tag fand ich auch keine Gelegenheit, mich

auf mein Thema vorzubereiten. Jetzt musste ich jede Minute nutzen, sonst brauchte ich mit Argumentieren gar nicht erst anzufangen.

Schon in der S-Bahn auf dem Heimweg schrieb ich alle meine Einwände auf einen Zettel: Ich bin ein Fischkopp, und ein Fischkopp wird nicht verpflanzt. Bosse reißen wir aus der Schule, und er müsste mit einem völlig neuen Schulsystem fertig werden. Außerdem wird es ihm das Herz brechen, wenn er seine Freunde verliert, und dafür muss er dann mit Kindern zusammen sein, deren Dialekt er überhaupt nicht versteht. Ein unermesslicher Schaden an der Kinderseele unseres Sohnes. Für Emma muss ich mir noch was einfallen lassen. Weiter: Ich bin Pauli-Fan. Wenn es sein muss, auch der von Bergedorf 85. Wie soll ich von Köln aus zu den Spielen? Wir sind glücklich hier, wir wissen, was wir haben. Wir haben tolle Freunde. Nebenbei habe sogar ich seit 7 Jahren nicht nur einen Job, sondern sogar einen, der mir total gefällt, und wer weiß, ob ich in Köln was entsprechend Neues finde. Und zum Schluss das Totschlagargument überhaupt: meine Mutter. Ihr wird es das Herz brechen, wenn sie die Kinder nicht mehr sehen wird. Modder, die so vielmitgemacht hat, die erst durch Bosse und Emma wieder aufgeblüht ist, und die Wiebke doch auch so sehr ins Herz geschlossen hat. Wie können wir verantworten, diese arme Frau ins Unglück zu stürzen. Und da Wiebkes Eltern nun mal, nach dem Vorfall vor 2 Jahren, ihre Rollen als Oma und Opa nicht mehr wahrgenommen haben, bleiben unseren beiden Kindern eben nur meine Mutter als Oma. Will sie wirklich, dass unsere Kinder ohne jeglichen Großelternteil aufwachsen? Beim Kaffee las ich mir die Liste noch mal durch. Keine Frage, wir werden in Hamburg bleiben. Wiebke wird mit Mittelklassen-BMW, Bereichsleitung, vierfachem Gehalt von mir, Reihenhaus mit drei Etagen und Handtuchgarten zufrieden sein müssen.

Zugegeben, auch nach all den Jahren unterschätzte ich Wiebke immer noch oder überschätzte mich. Meine unschlagbaren Argumente für Hamburg schmolzen wie Schnee in der Sauna. „Tommy, du hast zwar dein bisheriges Leben nur in Hamburg verbracht, bist aber doch kein Fischkopp. Du sprichst kein Wort Platt, dein bester Freund Reiner kommt aus Stuttgart. Du willst im Urlaub am liebsten in die Berge und isst viel lieber Fleisch als Fisch, ausgenommen die Fischplatte im Elysee. Außerdem besagt eine Studie, dassMenschen, die nie in ihrem Leben ihren Standort wechseln, 4 Mal häufiger anDemenz erkranken als Umzugswillige. Willst du bald schon ein Pflegefall sein?" Ich wusste, dass diese Studie eben erst in ihrem Kopf entstanden ist, sie machte mir trotzdem Angst. „Nächster Punkt: Bosse geht in die zweite Klasse, selbst in Bayern hätte er keine Probleme, sofort im Stoff zu stehen.

Sein bester Freund ist ohnehin Donald

Duck, und den nimmt er problemlos mit. In den letzten drei Jahren warst du nicht ein einziges Mal am Millerntor, geschweige im Stadion in Bergedorf. Und die Ergebnisse von Pauli und Bergedorf 85, die kannst du problemlos auch in Köln erfahren. Ein Umzug macht flexibel, das gilt für Alt und Jung. Unsere guten Freunde bleiben uns und neue kommen hinzu. Dein bester Freund Reiner ist übrigens waschechter Schwabe und viel flexibler als so ein Hanseat wie du. Der wirdglücklich sein, einen guten Grund zu haben, häufiger nach Köln zu kommen."Verdammt, die beiden haben sich abgesprochen. Na warte, mein lieber Reiner. „Und dein Job?" fuhr Wiebke fort, „mein Süßer, du wirst dir deinen Traum erfüllen können, denn du kannst endlich unabhängig sein. Wir leistendir eine eigene Praxis, und du bist dein eigener Herr. Fängst an, wann du willst, und hörst genauso wieder auf. Na, wenn das nicht super ist?"

Es wird sie schon nicht mehr

überraschen, ich hatte nichts entgegenzusetzen, obwohl mein Bauch spätestens beim Thema „selbstständig machen" heftig rebellierte. Mir fiel aber nichts anderes ein als: „Und Modder?" „Ist ein Punkt, aber den klären wir noch. Aber Tommy, nun mal ehrlich, glaubst du wirklich, ich kann da jetzt einfach sagen, tut mir leid, ich kann das Angebot nicht annehmen, mein Mann will nicht nach Köln?
Tommy, ich kann mich dann von Allgrip verabschieden und weiß, so was bekomme ich nicht noch mal, nicht mal mehr das, was ich jetzt schon habe. Willst du das wirklich? Kleine Wohnung in Mümmelmannsberg? Graffiti in Flur und Fahrstuhl, der allerdings meistens ohnehin nicht geht, und dazu Spritzen auf dem Spielplatz?" „Wiebke, hör auf, du überdrehst." „Einverstanden, aber meine Karriere ist zu Ende, zumindest das ist klar. Gut, Modder! Hmm, wie wäre es, sie kommt mit? Die Kinder wären glücklich, wir bräuchten keine Nanny, nur eine Putzfrau, du wärst

versorgt, und sie hätte eine tolle Aufgabe. Wichtig ist jetzt nur, dass sie das alles genauso sieht." Mein Totschlagargument schmolz nun auch noch dahin, denn wer Wiebke kennt, der weiß, meine Mutter hat da keine Chance.

Sie hatte keine Chance, wollte wohl auch keine haben. Im Gegenteil, Wiebkes Versprechen, ihr eine Einliegerwohnung mit allem Drum und Dran im neuen Haus einzurichten, wäre schon nicht mehr nötig gewesen. Sie fühlte sich schon als Neukölnerin, obwohl Neukölln ja Teil von Berlin ist. Aber es ist nicht fair, wenn ich Mutters Begeisterung allein mit Wiebkes Überredungskünsten begründen würde. Die beiden mögen sich wirklich. Mutter Wiebke, weil Wiebke eine tolle Frau und eben auch eine tolle Schwiegertochter ist. Wiebke Mutter, aus drei Gründen. Erstens, weil Mutter ihr in ihrem Wesen sehr ähnlich ist. Zweitens, weil Wiebkes Eltern tatsächlich, na sagen wir mal diplomatisch, sehr speziell sind. Und drittens, weil Wiebke anerkannte, dass Mutter es wirklich nicht einfach hatte in ihremLeben, aber nie vergaß, wieder aufzustehen.

Modders bisheriges Leben

Den Kosenamen Modder, den hatte sie von mir. Wenn mein Opa, der noch viel Platt sprach, zu mir von meiner Mutter sprach, sagte er immer: „Din Mudder". Mudder konnte ich wohl nicht richtig aussprechen, bei mir kam Modder raus, und bei diesem Kosenamen blieb es. Wie auch ich, war Modder Einzelkind. Sie wurde 1923 in Hamburg geboren. Damals natürlich noch Hausgeburt. Mein Opa Rolf erzählte immer wieder gern, wie er die Hebamme am liebsten weggejagt hätte, weil diese, statt sich um seine Erna zu kümmern, permanent Kaffee trank, der ohnehin sehr teuer war. Es waren eher einfache Verhältnisse, in denen Modder groß wurde. Auf eine ihren Fähigkeiten entsprechende Ausbildung wurde kein Wert gelegt, die Familie hatte andere Sorgen. Durch Hitler bekam mein Opa Rolf wieder Arbeit, deshalb fanden sie auch die Nazis nicht schlimm. Die sorgten jedenfalls wieder dafür, dass es mitDeutschland aufwärts ging. Na gut, das mit den Juden, dass die nicht mehr gewollt wurden, das war nicht so schön, aber wer weiß, ob der Führer davon überhaupt etwas wusste. Deshalb waren auch alle ganz begeistert, als Modder ihren Bruno kennenlernte. Bruno machte keinen Hehl daraus, dass er glühender Nazi war. Obwohl noch relativ jung, war er bereits SS-Offizier und war begeistert, für das Reich Krieg führen zu dürfen. Modder hatte eine Anstellung als Arbeiterin bei Beiersdorf. Sie heiratete ihren Bruno noch während des Krieges. Nach seiner Rückkehr aus Gefangenschaft wurde Modder dann mit mir schwanger.

Bereits während der Schwangerschaft mit mir starb mein Vater an Krebs. Seine Eltern kamen beide mit seinem

Bruder beim großen Bombenangriff auf Hamburg 1943 ums Leben. Meine Mutter zog mich also allein groß. Oma Erna und Opa Rolf passten auf mich auf, während Mutti, die die Firma wechselte, nun bei Trumpf arbeiten ging. Der große Vorteil, uns mangelte es nie an Schokolade. Oma und Opa kamen selbst kaum über die Runden, und Wohlstand brach bei uns nun wirklich nicht aus.

Obwohl schon längst aus dem Alter eines Lehrlings heraus, gelang es Modder, bei der Edeka-Zentrale an der Außenalster eine Ausbildung zum Großhandelskaufmann, so hieß das eben damals, zu machen. Der Personalchef Wolke war für Modder ein Glücksfall. Er hatte eine sehr moderne Auffassung von Personalarbeit. In ihrem Alter hätte sie sonst wohl bei keiner anderen Firma noch die Chance für diese Ausbildung bekommen. Und obwohl auch völlig unüblich, konnte sie nach der Ausbildung den Herrn Wolke dazu überreden, ihr eine Halbtagsstelle

im Einkauf zu vermitteln.
Bis zu meinem 13. Lebensjahr lebte ich mit Modder allein. Kein Mann kam ins Haus, und so etwas wie einen Vater, das kannte ich nicht. Zugegeben, ich vermisste auch keinen. Ich kannte nur den Gedenkstein meiner Großeltern, also den Eltern meines Vaters, und den seines Bruders. Mein Vater selbst wollte eine Seebestattung, und so konnte ich nicht einmal sein Grab besuchen. Aber wie gesagt, ich vermisste das alles nicht.
Als ich 13 war, erzählte mir Modder, dass sie sich in unseren Hausarzt Dr. Born verliebt hätte, und er sich auch in sie. Er kannte mich natürlich, und er freute sich darauf, mit uns eine Familie zu gründen. Mir war es irgendwie egal. Mit Modder allein zu leben war ok, mit Bernd Born als ihren Mann wird es wohl auch ok sein. Sie heirateten, und es veränderte sich vieles. Großes Haus, Auto, Großzügigkeit, wie ich sie nicht kannte. So ging es über zwei Jahre. Ich hätte nicht sagen können, was nicht

stimmte, spürte allerdings, dass irgendetwas nicht so war, wie es sein sollte. Heute weiß ich, dass mein Körper mir auch schon als Jugendlicher klar etwas mitteilen wollte. Ich konnte, oder besser, wollte es aber gar nicht hören. Zweieinhalb Jahre später wusste ich es. Mutti war in irgendeinem Konzert, Bernd und ich allein zu Haus. Wir schauten fern, er hatte wohl seinen 6. Asbach intus, als er sich zu mir aufs Sofa setzte. Er starrte mich an, legte seine Hand auf mein Knie und sagte, dass er Modder, er sagte tatsächlich Modder, nur meinetwegen geheiratet habe. Ich neigte immer schon dazu, eher zu gehorchen, als mich zu widersetzen. Ich roch den Schnaps, als er immer näher kam, sah seine weiße Ärztehand auf meinem Knie, und ich wusste jetzt auch im Kopf, was mein Körper schon lange spürte. Mit aller Kraft, die mir zur Verfügung stand, stand ich auf, und dann schubste ich ihn zurück. Ich rannte in mein Zimmer und schloss mich ein. Er klopfte,

hämmerte an meine Tür. Er habe es nicht sogemeint, es ist einfach so über ihn gekommen, er wolle alles für mich tun. Ichsolle niemandem von diesem Abend erzählen. Heulend zog er ab.
Ich erzählte es niemandem, war noch ruhiger als sonst schon, Modder schien nichts mitzubekommen. Zwei Wochen nach diesem Abend bat mich Bernd, am nächsten Tag bitte, bitte um 12 Uhr nach Hause zu kommen. Er hätte etwas unheimlich Wichtiges mit mir zu besprechen. Da Modder jeden Tag pünktlich um 12:30 nach Hause kam, hatte ich keine Bedenken, dass wieder etwas passieren würde, so wie vor 14 Tagen. Ich trödelte trotzdem, kam erst um 12:15 Uhr in unsere Straße. Blaulicht, Krankenwagen, Polizei. Alles war da, auch Modder. Ausgerechnet heute kam sie schon um 12 Uhr heim. Sie fand ihn im Wohnzimmer. Obwohl er Arzt war und sich mit Medikamenten auskannte, hat er den Strick bevorzugt. Ich hätte ihn finden sollen, nicht einmal den Gefallen habe ich ihm getan. Wollte

er mir damit zeigen, was ich angerichtet hatte durch mein Verhalten? Sollte ich ein schlechtes Gewissen bekommen? Natürlich wäre das absurd, aber leider bin ich mir nicht mal sicher, ob ihm das nicht auch noch gelungen ist. Sicher bin ich mir, dass Modder etwas von seiner Neigung wusste, zumindest gespürt hat. Sie hat niemit mir darüber gesprochen, ich mit ihr auch nicht.

Ein dunkler Schatten begleitete sie seit diesem Vorfall, und auch ich hatte schwer daran zu kauen. Das Gute war, Bernd hatte Mutter als Alleinerbin eingesetzt, und Bernd war vermögend. Das Haus abbezahlt, eine vermietete Eigentumswohnung. Der Banker sprach von einem gut sortierten Aktienportfolio, und die Praxis konnte gut verkauft werden. Materiell hatten wir also nichts auszustehen.

Aber sie hörte trotzdem nicht auf, in der Edeka-Zentrale zu arbeiten. Im Gegenteil. Sie arbeitete wieder ganztags, und sie schaffte es, Abteilungsleiterin zu werden. Nach Bosses erstem Geburtstag hörte sie dannallerdings auf zu arbeiten. Zwei

Tage in der Woche wurden Omatag, ansonsten wurde sie Stammabsolventin bei der VHS, besondere Vorliebe für Kochkurse. Einen Partner wollte sie nicht mehr. „Ich hab meine kleine Familieund zum Bummeln, Kino und Theater zwei gute Freundinnen. Das reicht mir."Ihre ausgeprägten Gene, wie Energie, Wissbegierde oder Ehrgeiz, haben leider ihren Weg zu mir nie gefunden.

Köln wird geplant

Hamburg April bis Oktober 1983

Und so war es beschlossen, wir werden nach Köln ziehen. Etwas einschränkend sagte uns Wiebke: „Also richtig fest ist es erst, wenn sich alle sicher sind, dass ich auch die Richtige für diesen Job bin. Die ersten Monate gehe ich allein, komme aber mindestens alle 14 Tage am Wochenende nach Hause. Und wenn sich alle Seiten einig sind, und ich mindestens einen Vertrag über drei

Jahre unterschrieben in den Händen halte, wird der Umzug geplant." Modder nutzte die Gelegenheit von Wiebkes Abwesenheit und zog schon mal zu uns. Ihr Haus zu vermieten war gar kein Problem, wohl aber der Umzug. Ich wagte einzuwenden, dass es vielleicht besser wäre, mit dem Umzug zu warten, bis wir alle nach Köln ziehen. „Ne min Jung", belehrte michModder, „das meiste von dem alten Plunder kommt weg, damit ziehe ich nichtmehr um. Und das bisschen, was übrig bleibt, kannst du mit einem geliehenen Kastenwagen bequem hierher transportieren. Und zusätzlich bekomme ich für Monate Miete, die ich sonst nicht kriegen würde. Alles klar?" Sollte es noch Fragen gegeben haben, warum sich Wiebke und Modder so gut verstanden, dürften die wohl jetzt beantwortet sein.

Das Gute daran war natürlich, dass wir jetzt so richtig alle bemuttert wurden. Modder war nicht zuletzt wegen ihrer VHS-Kurse eine phantastische Köchin, sehr großer Unterschied zu Wiebke, und die Kinder und sie waren nur glücklich, dass sie sich jetzt jeden Tag hatten. Und ich muss zugeben, dass sich das Vermissen von Wiebke allein durch diese Betreuung absolut in Grenzen hielt.

Natürlich kam der Vertrag schon nach 4 Monaten. Modder und Wiebke waren in ihrem Element. Neues Haus in Köln, tolles Projekt. Wiebke wurde Rodenkirchen, Ortsteil Hahnwald, empfohlen. Als anerkannte Spaßbremse wagte ich nach näheren Informationen einzuwenden, dass alles dort sündhaftteuer ist, unter 1000 m² es dort gar keine Grundstücke gebe und die Kinder inNachbargemeinden zur Schule müssten. Nicht mal einen Tante-Emma-Ladenwar vor Ort. Es wimmelte dafür von Snobs und gestörten Reichen. Der Makler fand ein tolles Haus, selbstverständlich mit versprochener Einliegerwohnung, selbstverständlich in Köln-Rodenkirchen-Hahnwald. Ich machte einen letzten Versuch: „Gut, du verdienst jetzt richtig Kohle. Was du da kaufen willst, kostet über 3 Mio. Selbst wenn du eine Bank findest, die die uns fehlende Differenz finanziert, was passiert, wenn das AUS bei Alligrip für dich kommt?" „Ach du süßer Schwarzseher! Erstens, nicht ich will kaufen, sondern wir. Und wir heißt in diesem Fall du, ich und Modder. Mach den Mund zu, ich bin noch nicht fertig. Wir verkaufen unser Reihenhäuschen, ein bisschen bleibt da schon übrig, Modder verkauft ihr Haus, und der Drops ist so gut wie gelutscht. Die fehlenden anderthalb Milliönchen schmeißt uns die Bank hinterher. Übrigens gibt Hiller mit mir schon fast unanständig an. Eines der ersten DAX-Unternehmen überhaupt, das eine Frau in den Vorstand holt. Der macht da wirklich einen auf ganz dicke Hose. Du glaubst doch nicht wirklich, dass Hiller jemals eingestehen wird, dass das ein Fehlgriff war!" Ich machte den Mund wieder zu und überlegte ernsthaft, ob

so ganz ohne mich, mein Alter. Und denk an Erich Kästner: „Es gibt nichts Gutes, außer man tut es.
Betonung liegt auf MAN TUT ES." Na gut, er ist mein Freund.

Neubeginn in Köln Köln, November 1983

Bosse fand es unheimlich aufregend. Neue Stadt, neue Schule, neue Freunde. Modder kochte, spielte Taxi mit ihrem Polo für die Kinder, fand die mondäne Art, in Hahnwald zu wohnen, wundervoll. Ihre Wohnung im Haus und überhaupt das Zusammenleben mit uns super. Emma schien kaum mitzubekommen, dass wir nicht mehr in Hamburg waren. Wiebke voller Elanund Tatendrang. Ich war der Einzige, der noch nicht angekommen war. Klar, natürlich war das Haus kein Vergleich mit unserem bisherigen Reihenhäuschen. Kostete aber ja auch mindestens sechsmal so viel. Das Grundstück war allein schon der Wahnsinn. 1200 m², gut eingewachsen. Einriesiger Rasen, wunderschöne Beete für Blumen im Frühling, Sommer und Herbst. Diese Pracht musste

so ganz ohne mich, mein Alter. Und denk an Erich Kästner: „Es gibt nichts Gutes, außer man tut es.
Betonung liegt auf MAN TUT ES." Na gut, er ist mein Freund.

Neubeginn in Köln Köln, November 1983

Bosse fand es unheimlich aufregend. Neue Stadt, neue Schule, neue Freunde. Modder kochte, spielte Taxi mit ihrem Polo für die Kinder, fand die mondäne Art, in Hahnwald zu wohnen, wundervoll. Ihre Wohnung im Haus und überhaupt das Zusammenleben mit uns super. Emma schien kaum mitzubekommen, dass wir nicht mehr in Hamburg waren. Wiebke voller Elanund Tatendrang. Ich war der Einzige, der noch nicht angekommen war. Klar, natürlich war das Haus kein Vergleich mit unserem bisherigen Reihenhäuschen. Kostete aber ja auch mindestens sechsmal so viel. Das Grundstück war allein schon der Wahnsinn. 1200 m², gut eingewachsen. Einriesiger Rasen, wunderschöne Beete für Blumen im Frühling, Sommer und Herbst. Diese Pracht musste

klappte.
Und dann war es soweit. Abschied vom UKE, also Universitätsklinikum Eppendorf, das viele Menschen so furchtbar groß und unpersönlich finden. Ich fühlte mich wohl da, und schon deshalb lud ich etliche Kolleginnen und Kollegen zur Abschiedsparty ein. Natürlich auch die Nachbarn, auch die von Modder und selbstverständlich meinen besten Freund Reiner. Der musste natürlich noch mal betonen, wie toll er es fand, dass wir diesen

Umzug machten, und er kündigte bereits seinen Besuch zeitnah bei uns an. „In Kölnsitzt ihr nie allein in der Kneipe, die sind viel herzlicher und aufgeschlossenerals die sturen Norddeutschen." Das musste dieser Schwabe ja wissen, der noch nie im Rheinland gewesen ist. Aber diese und viele andere Weisheitenhörten wir unentwegt. Und Reiner musste mich natürlich noch mal zur Seite nehmen und mir zuflüstern: „Hoffe, du packst es ich ihn überhaupt jemals wieder aufmachen sollte. Zu den beiden Frauen kam auch noch Bosse, der eindeutig nach Wiebke geraten war. „Wenn ich schon hier weg muss und wir dann einen großen Garten haben, dann will ich endlich meinen Hund bekommen", so Bosse, nachdem Hahnwald beschlossen war. Ich hatte nie ein Tier und wusste nur zu gut, an wem der Hund letztlich hängen bleiben würde. Ein Hund heißt Erziehung und täglich mindestens zweimal Spazierengehen. Bosse fällt nach spätestens einer Woche aus, Wiebke kam erst gar nicht in Betracht. Modder hat mit Hunden nichts am Hut, und ich auch nicht. Wir einigten uns auf eine Katze. Ich hatte zumindest das Gefühl, dass ich bei Bosse doch noch erfolgreich sein konnte.

Da Modder, wie bereits erwähnt, während Wiebkes Zeit in Köln schon mal zuuns gezogen ist, haben wir uns an das Zusammenleben bereits gewöhnen können. Wie erwartet, das einen letzten Versuch: „Gut, du verdienst jetzt richtig Kohle. Was du da kaufen willst, kostet über 3 Mio. Selbst wenn du eine Bank findest, die die uns fehlende Differenz finanziert, was passiert, wenn das AUS bei Alligrip für dich kommt?" „Ach du süßer Schwarzseher! Erstens, nicht ich will kaufen, sondern wir. Und wir heißt in diesem Fall du, ich und Modder. Mach den Mund zu, ich bin noch nicht fertig. Wir verkaufen unser Reihenhäuschen, ein bisschen bleibt da schon übrig, Modder verkauft ihr Haus, und der Drops ist so gut wie gelutscht. Die fehlenden anderthalb Milliönchen schmeißt uns die Bank hinterher. Übrigens gibt Hiller mit mir schon fast unanständig an. Eines der ersten DAX-Unternehmen überhaupt, das eine Frau in den Vorstand holt. Der macht da wirklich einen auf ganz dicke Hose. Du glaubst doch nicht wirklich, dass Hiller jemals eingestehen wird, dass das ein Fehlgriff war!" Ich machte den Mund wieder zu und überlegte ernsthaft, ob allerdings bis zum nächsten Frühjahr warten. Aber auch die Büsche, Koniferen und Bäume machten aus dem Grundstück einen richtigen Park. Und die riesige Terrasse, mit fester Markise, an der Heizstrahler angebracht waren. Zugegeben, so etwas hatte ich vorher noch nicht gesehen. Allein die Doppelgarage, für Wiebkes Protz-BMW und Modders Polo, war riesig und hatte locker noch Platz für Gartenmöbel und Gartengeräte. Sogar mein Fahrrad konnte ich ohne Probleme dort unterbringen.

Und dann erst das Haus. Die Besitzer hatten es vor 8 Jahren bauen lassen, waren vor einem halben Jahr in große finanzielle Probleme gekommen, und leider, oder zum Glück für uns, mussten sie dann verkaufen, ohne auf das höchste Angebot warten zu können. Sie hatten wirklich Geschmack bewiesen, das Haus war absolut eine Klasse für sich. Ins Wohnzimmer passte gefühlt unser altes Reihenhaus. Die Küche für uns war zwar nicht mehr ganz modern, aber trotzdem kein Vergleich mit unserer alten. Im Erdgeschoss waren dann noch Gästezimmer, Gästedusche und Gäste-WC. Im oberen Stockwerk schliefen wir. Natürlich hatte unser Schlafzimmer einen begehbaren Kleiderschrank und direkten Zugang zum Bad. Daneben lagen die beiden Kinderzimmer und daneben das Duschbad der Kinder. Außerdem gab es noch ein Arbeitszimmer, das erst mal als Rumpelzimmer genutzt wurde. Ganz unten hatte Modder natürlich auch ihr Bad, ihre Kochnische, Wohn- und Schlafzimmer. Sie hatte vor ihrem Wohnzimmerfenster eine kleine Terrasse, mit direktem Zugang zum Garten. Der Rest war Kellerraum. Ich war ja schon von Borns Haus einen gewissen Luxus gewohnt, aber ich hatte durchaus meine Zweifel, ob ich mich in diesem Tempel jemals heimisch würde fühlen können. Um nicht wieder als totale Spaßbremse dazustehen, behielt ich diese Befürchtungen allerdings für mich.

Die Vorstellung bei den Nachbarn verlief wie erwartet. Wiebke und Modder fanden sie doch sehr nett, ich

fand sie affektiert. Aber so kamen wir wenigstens zu einem Gärtner, denn unsere neue Nachbarin, Frau von Felden, fragte gleich beim Vorstellen, ob wir für die kommende Gartensaison einen Gärtner bräuchten. Ihrer käme einmal die Woche und suche noch Aufträge. Na, wenn das kein erfolgreiches Vorstellen war.
Wiebke bekam über die Alligrip eine Haushaltshilfe vermittelt, die zweimal dieWoche kam. Marina, so hieß die Gute, war ein Glücksfall. Sie sprach normal,benahm sich normal und war fleißig. Nicht unbedingt üblich in unserer Wohngegend. Ein Gutes hatte die Gegend aber, ich brauchte keine intensive Nachbarschaftspflege betreiben, hier bleibt man für sich.
Ich nahm mir sechs Wochen Zeit fürs Einräumen, Bilder aufhängen und was halt sonst noch so anfiel. Dann hatten wir schon Mitte Dezember, und da lohnte es es auch nicht mehr, sich nach Praxisräumen im alten Jahr umzusehen. „Was hat denn das alte Jahr mit der

Suche nach Praxisräumen zu tun?" konnte sich Wiebke nicht verkneifen zu fragen. Manchmal komme ich mit Überhören oder Fragen ignorieren bei Wiebke am weitesten. Klappte auch diesmal. Dafür besorgte ich aber über eine private Katzenvermittlung den versprochenen Kater. (Tipp bekam ich von Marina). Pechschwarz, sechs Wochen alt und einfach zum Verlieben. Selbst für Tiermuffel wie Modder und mich. „Ist so schwarz wie mein Espresso. Ich finde, wir nennen ihn so. Espresso, Bosse, was meinst du?"
„Find ich blöd. Espresso, so heißt doch keine Katze", protestierte Bosse. Ich konnte wenigstens Mokka durchsetzen. Klingt es sehr kindisch, wenn ich bekenne, ein bisschen stolz darauf zu sein? Ja, ich sehe es ja ein. Aber Mokka passt trotzdem.
Mitte Januar gab es dann keine Ausflüchte mehr, ich musste ran ans Selbstständig werden.
Als erstes Gewerbe anmelden. War kein Problem. Die nette Dame im Amt

verpasste es nicht, mir noch den netten Spruch „Selbstständig sein heißt, arbeite selbst und ständig!" reinzudrücken. „Ist mir bewusst, deshalb tue ichmich ja so schwer", wollte ich antworten, sagte aber nichts. Räume finden, alles einrichten, Personal finden und führen, Buchhaltung undAbrechnungen machen, für die nötige Werbung sorgen, und alles von mir verantwortet. Ich bin doch nicht Wiebke. Reiner, den ich in meiner Not anrief, stimmte zu. Das wäre so nichts für mich. Reiner meinte, dass angestellt seinviel besser für mich wäre. Allerdings müsste ich dann halt wieder abhängig arbeiten, waren meine Bedenken. Und dann kam Reiner auf die geniale Idee einer Beteiligung. „Mit einem guten Partner teilst du Freud und Arbeit, und eine Partnersuche schaffst sogar du", der Rat eines Freundes. Was so ein Freund doch wert ist.
Wiebkes von mir befürchtete Einsprüche, die blieben diesmal aus.

Sie schien sogar erleichtert, als ich ihr von der Beteiligung erzählte. Natürlich war sie erleichtert, sie kennt mich schließlich.

Selbstständig machen

Köln, Januar 1984

Voller Tatendrang annoncierte ich gleich in zwei Zeitungen mein Gesuch und siehe da, es kamen vier Rückmeldungen. Ich mache es kurz, die ersten zwei kamen schnell in die Tonne, die vierte wurde gar nicht mehr geprüft. Die dritte Rückmeldung kam von Jens Wegner. Ihm gehöre die Villa Ambiente, wie er mir schrieb. Zur „Villa Ambiente" gehören drei Stockwerke: Unten ein Fitnessstudio, vermietet, darüber die Physiopraxis, machte er. Im dritten Stock ein Kosmetikstudio mit Wohnung, auch vermietet. Klasse Konzept, fand ich, und sogleich, ich musste meinen Tatendrang ausnutzen, machte ich einen Termin mit dem Herrn Wegner aus. „Die Mohrenstraße geht direkt von der Gereonstraße ab. Direkt in der Altstadt/Nord, gar nicht zu verfehlen", sagte er mir, als wir den Termin am Telefon machten. Ich fand die Villa wirklich auf Anhieb. Kein Zweifel, schon von außen machte das Haus einen sehr guten Eindruck. Ich ging in den ersten Stock, und sofort wurde mir nach meinem Klingeln, mit einem leisen Summen die Tür geöffnet. Ich ging direkt auf den Empfangstresen zu, der von USM Haller war. Vornehm geht die Welt zugrunde. Aber viel mehr als der USM Haller Tresen beeindruckte mich die Dame dahinter. Ich stellte mich kurz vor und schon kam von ihr: „Herr Johansson, herzlich willkommen. Mein Name ist Angela Himmel, ich werde Sie gleich zu Herrn Wegner bringen. Sie werden schon erwartet." Das war mal eine Empfangsdame. Wie sie so vor mir ging, versuchte ich zu schätzen: Mitte zwanzig, zirka 1,78 m groß. Dabei super schlank und mit einem wahnsinnig gewinnenden Lächeln. Sehr guter Start. Wir gingen durch einen Flur, von dem insgesamt 6 Türen abgingen. Auf einer stand WC Patienten, auf der gegenüberliegenden Tür Therapie eins. Wir gingen in die Tür, auf der Personal stand. Der Raum war eine Mischung aus Besprechungszimmer, Pausenraum und Büro. Auch hier alles USM Möbel. Hinter einem mittelgroßen Schreibtisch, in der hinteren Ecke des Raumes, saß Jens Wegner. Er stand sofort auf und kam auf mich zu. Ich schätzte ihn auf 1,85 m, ein paar Jahre älter als mich und noch um ein paar Kilo schwerer. Volles, graumeliertes Haar, Dreitagebart. Nachdem wir uns händeschüttelnd vorgestellt hatten, fragte Frau Himmel, was ich trinken möchte und brachte uns anschließend den bestellten Kaffee. Wir setzten uns an den Besprechungstisch, und jeder begann damit, über sich zu erzählen. Meine Schätzung war nicht schlecht, Herr Wegner war tatsächlich fünf Jahre älter als ich. Er betrieb die Villa gemeinsam mit seiner Frau, die die Abrechnung für die Physiopraxis übernahm und die Villa verwaltete, sich also um die Vermietung bzw. um die Mieter kümmerte. Das Konzept gefiel mir ausgesprochen gut. „Das wirklich richtig Gute für unsere Praxis ist, dass wir durch das Fitnessstudio unten und durch den Kosmetiksalon oben viele Privatpatienten bekommen", bestätigte Wegner mich und fuhr fort: „Mit den 15 DM pro Behandlung für Kassenpatienten, da könnten wir uns das hier sonst gar nicht leisten." Seine Motivation, einen Partner zu suchen, war ziemlich simpel. Er wollte schon mal kürzer treten und Arbeit und Kosten teilen. Er zeigte mir dann die Praxis, die aus drei Behandlungsräumen mit den entsprechenden Einrichtungen und Geräten bestand. Zusätzlich gab es noch einen kleineren Kraftraum mit ebenfalls sehr wertigen Kraftgeräten. „Wenn einer richtig was für seine Muckis machen will, schicken wir ihn einfach runter ins Fitnesscenter", erklärte mir Herr Wegner. Neben der FrauHimmel, die Empfang, Termine und ein bisschen Bürokram erledigte, wurde noch eine zusätzliche Therapeutin beschäftigt. Astrid Feste hieß die Gute. Eine gestandene Fachfrau Ende fünfzig, die bei den Patienten außerordentlich beliebt sei. „So, ich glaube, das wäre es fürs Erste. Haben Sienoch Lust, mit mir auf ein Kölsch in mein Stammlokal, in die Henne zu kommen?" fragte mich Herr Wegner, und ich wollte gern.

Nach dem zweiten Kölsch waren wir beim Du angekommen, und wir stiegen dann auf einen erstklassigen Riesling um, der zum Waller wunderbar passte. Es stellte sich heraus, dass Jens am liebsten erst ab Mittag arbeitete, ich als Frühaufsteher schon mal die Patienten behandeln konnte, die vor ihrer Arbeit ihre Behandlung bekommen wollten. Ansonsten war die Praxis groß genug, dass drei Therapeuten nebeneinander arbeiten konnten. Beim Abschlusskaffee waren wir uns dann einig, dass wir uns mit unseren Frauen am kommenden Samstag treffen

wollten, um dann sozusagen den Sack zuzumachen.
Mein Bauch schwieg, sehr gutes Zeichen, mein Kopf sagte klasse.
Am Samstag also schon die Endbesprechung mit unseren Damen. Wieder Villa Ambiente. Lisa, die Frau von Jens, machte genau den toughen Eindruckauf mich, den ich erwartet hatte. Sieben Jahre jünger als Jens, schlank, sportlich, lange schwarze Haare. Wiebke unterschied sich von ihr nur dadurch, dass sie kurze Haare hatte, die schwarz, braun und blond sind. Ich sagte immer, deine Haare haben gar keine Farbe, was sie mit farbenblind quittiert. Wer einschätzen sollte, wer von uns die Physios wären, hätte wohl am wenigsten auf Jens und mich getippt. Modders Kochkünste und seit Kölnauch kein Squash mehr mit Reiner, haben ihre Spuren deutlich hinterlassen.Ich hatte mindestens 8, wenn nicht gar 10 kg zugenommen. So genau weiß ich das nie, denn ich stelle mich so gut wie nie auf eine Waage, will mir dochnicht immer die Laune

verderben. Auch Jens hatte keinen Mangel an zu wenig Körpergewicht, sein Umfang war wirklich beachtlich. Wiebke fand die ganze Villa ebenfalls klasse.

Die beiden Frauen gingen die Bücher durch, prüften Anlage- und Umlaufvermögen, bereinigten für uns die Mietkosten, die Lisa für die Praxis um einiges über dem üblichen Mietpreisspiegel festgelegt hatte, und gingen dann die Arbeitsverträge der Angestellten durch. Sie errechneten den Anteil, den ich monatlich zu zahlen hatte. Die Einnahmen der angestellten Therapeutin sollten geteilt und gleich von den Kosten bei mir abgezogen werden. Die Einnahmen von uns bekam jeder für sich. Und so sollte Lisa einen Notar suchen, damit unsere Partnerschaft vertraglich und formell in trockene Tücher kam.

Nie hätte ich für möglich gehalten, dass das mit der beruflichen Partnerschaftso schnell und reibungslos vonstattengehen würde. Ich erwartete immer nochein Hindernis, einen nicht vorhersehbaren Pferdefuß, aber es passierte nichts. Im Gegenteil, ich konnte Jens für jeweils Mittwochabend zum Squash überreden und danach, zum wieder Auffüllen der verlorenen Flüssigkeit, brauchte es dann keine Überredungskunst mehr.

Köln gefiel mir langsam immer besser. Natürlich lag das auch an den Umständen. Modder und die Kinder waren hochzufrieden, die Arbeit machte Spaß, Jens wurde ein richtiger Freund, Angela Himmel war gut für Auge und Fantasie, Astrid Feste, gut für unsere Einnahmen. Ein bisschen Sorgen machte mir Wiebke. Ihre so große Anfangseuphorie wurde spürbar weniger. Sie kam abends abgekämpft nach Hause, nahm sich zwar am Wochenende Zeit für die Kinder, aber ich merkte, dass sie einfach nicht mehr abschalten, sich nicht mehr erholen konnte. Dazu kam, dass sie unruhig schlief, manchmal sogar nachts aufstand und dann im Wohnzimmer irgendwelche Notizen machte. Auch wenn die Häufigkeit unserer sexuellen Aktivitäten abnahm, ich hatte das Gefühl, zumindest beim Sex konnte sie bei mir und beisich sein. Ich verzichtete darauf, sie auf ihre Nöte anzusprechen. Ich weiß genau, wenn sie sprechen will, wird sie es tun. Vorher ohnehin nicht. Im Moment will sie noch nicht. Richtig gut lief es mit Mokka. Er war glücklich über seine Katzenklappe und erkundete die gesamte Gegend. Seine Bezugsperson wurde ausgerechnet Modder, die die Rolle als Katzenfrauchen mit stolzer Brust annahm. Mokka liebte sie so sehr, dass er, vorwiegend nachts natürlich, ihr Geschenke in ihre Wohnung brachte. Damit sie auch etwas davon habe, waren seine Geschenke immer noch am Leben. Vier Lebendfallen für Mäuse standen jetzt in Modders Wohnung, und ich nahm Mokkas Geschenke nach einem gelungenen Fang morgens mit. Ich setzte sie immer in den Gärten aus, deren Inhaber ich zu gern auch

Geschenke machen wollte.

Jens

Ich hätte mir wirklich keinen besseren Partner wünschen können, als Jens es war. Lisa war seine zweite Frau. Sie hatten sich kennengelernt, als Lisa wegen Hüftproblemen von ihm behandelt wurde. Damals war Jens noch angestellter Therapeut. Lisa war von Haus aus vermögend, und nachdem sieden Bund fürs Leben geschlossen hatten, setzten sie das Projekt Villa Ambiente um, und Jens bekam seine Selbstständigkeit. Auch wenn er, ähnlichwie ich, manchmal einen eher phlegmatischen Eindruck machte, er war ein richtig guter Physiotherapeut, der Ruhe und gleichzeitig Bestimmtheit ausstrahlte. Ob es daran lag, dass Jens Rheinländer war oder Jens eben Jens? Ich weiß es nicht so recht. Jedenfalls läuft das mit unserer Freundschaft so ganz anders als mit der von Reiner.

Jens erzählte mir bereits nach dem dritten Zusammensein nach dem Squash, dass Lisa keinen Orgasmus bekomme, obwohl er sich so sehr anstrenge und alles mache, was sie wolle. Reiner hat mir nach Jahren unserer Freundschaft als intimes Geheimnis erzählt, dass erregelmäßig dreimal in der Nacht zum Pinkeln müsse. Von seiner langjährigen Freundin erfuhr ich lediglich, dass sie keinen Brathering mag, Reiners Lieblingsfisch, und dass sie ihm bei der Trennung sagte, dass er ein toller Kerl sei, aber leider furchtbar langweilig. Jens brauchte nur fünf Treffen mit mir, um mir zu erzählen, dass er schon seit einem Jahr eine Affäre mit Angela Himmel habe und die beim Sex immer quietsche. Ich war tatsächlich peinlich berührt über so viel Intimität. Das war ich einfach in dieser Offenheit nicht gewohnt. Mein bester Freund war bislang eben ein Schwabe, der auch noch so richtig konservativ war. Aber dann fand ich diese Offenheit, die ich auch als Vertrautheit empfand, richtig gut. Jens hatte sich nicht gebrüstet oder als Obermacho aufgespielt, sondern einfach nur von Freund zu Freund gesprochen. Ist doch nur schön. Meine Offenheit und Vertrautheit ihm gegenüber ging allerdings noch nicht so weit, dass ich ihm von meinen Fantasien bezüglich Angela Himmel etwas sagte. Darüber hinaus wurden meine Fantasien in Sachen Angela nach seinem Geständnis ohnehin andere. Zum Glück war die Gefahr einer Affäre mit ihr durch ihre Beziehung zu Jens endgültig vom Tisch. Zum Glück, weil solche Affären zwar sehr berauschend sein können, meistens aber in irgendeinem Desaster enden.

Herr Klein wirft Fragen auf

Köln, August 1984

Es war Anfang August 1984. Gestern hatten wir 28 Grad. Als ich heute kurz nach 6 Uhr mit meinem Rad losfuhr, genoss ich die frische Luft. Klar, in der

Stadt war das Fahren mit dem Rad nicht nur Vergnügen, ich blieb trotzdem dabei, denn der größte Teil meiner Strecke lief direkt am Rhein entlang. Und es hatte drei weitere Vorteile: Erstens hält es mich fit, zweitens ist es mehr als kostengünstig und drittens komme ich total wach in die Praxis. Mit dem Fitnessstudio habe ich vereinbaren können, einen Schlüssel und einen eigenen Spind zu bekommen. So konnte ich bei Bedarf duschen und meine Berufsklamotten deponieren. Wir alle trugen weiße Hosen und dunkelblaue Sweatshirts, natürlich mit Villa Ambiente Emblemen. Und für den Obolus fürs Fitnesscenter spare ich ja Fahrgeld. Als ich in die Praxis kam, musste ich erst mal alle Fenster öffnen, die Wärme vom Vortag war noch in allen Räumen zu spüren. Pünktlich um 7:15 Uhr kam mein erster Patient. Es war ein Robert Klein. Ein überstandener Beinbruch mit den üblichen Schwierigkeiten. Klein machte seinem Namen keine Ehre. Er war mindestens

1,90 m groß, 59 Jahre alt und gut in Schuss. Zunächst die üblichen Fragen, ob er uns gut gefunden hätte, welche Beschwerden er habe, ob es spezielle Wünsche gebe. Er fand es toll, dass er die Behandlung noch vor der Arbeit absolvieren könne, und nach dem Smalltalk ging es dann los. Er musste mir vorlaufen, und ich begann mit den Übungen. Bis zum Ende der Behandlung ein ganz gewöhnlicher Patient. Kurz bevor er sich verabschiedete, geschah jedoch etwas absolut Merkwürdiges. Er sah mir in die Augen und sagte: „Wie aus dem Gesicht geschnitten. Sie sind Ihrem Vater wirklich wie aus dem Gesicht geschnitten!" So ein Spinner, dachte ich. „Das muss dann aber ein sehr großer Zufall sein, dass Sie meinen Vater kennen. Der lebte nämlich in Hamburg und ist seit 36 Jahren tot", entgegnete ich. „Nein, das ist kein Zufall. Als ich Ihren Namen im Branchenbuch fand, die eher unübliche Schreibweisevon Johansson, war ich schon neugierig. Jetzt, wo ich Sie sehe, habe ich garkeinen Zweifel, dass Sie der Sohn von meinem besten Freund sind. Zugebenmuss ich allerdings, dass ich gar nicht wusste, dass er überhaupt Vater war. Ich weiß, Ihr nächster Patient wartet schon, und Ihre Zeit ist kostbar. Ich hätte Sie aber niemals darauf angesprochen, wenn ich mir nicht sicher wäre. Glauben Sie mir, ich könnte Ihnen sehr viel über Ihren Vater erzählen. Viel mehr als jeder oder jede andere, Ihre Mutter eingeschlossen. Hier ist meine Karte, rufen Sie mich an und machen Sie einen Termin mit mir. Es würde mich sehr freuen, dem Sohn meines Freundes erzählen zu können, welch großartiger Held sein Vater war. Und vielen Dank für die gezeigten Übungen.Ich werde die jetzt zu Hause allein weitermachen, werde also nicht mehr IhreHilfe in Anspruch nehmen müssen. Aber vielleicht höre ich ja von Ihnen!" Er schüttelte mir die Hand und hinkte aus der Praxis.

Ich war verwirrt, aber zum Glück

wartete tatsächlich schon der nächste Patient, so dass ich erst mal gar keine Zeit hatte, über Herrn Kleins Gerede nachzudenken. Aber spätestens auf dem Weg nach Hause war das Gespräch wieder präsent. Mein Bauch sagte mir, unbedingt klären, da könnte an dem, was er sagte, vielleicht doch was dran sein.

„Kennst du einen Robert Klein, Modder", fragte ich, als wir abends zusammensaßen. „Wie heißt der?" „Robert Klein! Er war heute bei mir in der Praxis und meinte, ich wäre meinem Vater, der sein bester Freund gewesen wäre, wie aus dem Gesicht geschnitten." Modder griff schnell zu ihrem Rotweinglas und trank einen Schluck. Täuschte ich mich, oder ist sie tatsächlich blass geworden? „Nein, hab keine Ahnung, wer das sein könnte. Dein Vater war, soweit ich weiß, nie in Köln, und von einem Klein hat er mir auch nie etwas erzählt", antwortete sie. „Er sagte, er könne mir viel über ihn erzählen, mehr als jeder andere, auch mehr als du es könntest. Und Vater wäre ein Held gewesen." „Das ist ein Spinner. Dein Vater war ein sehr guter Mensch, vielleicht auch ein guter Soldat. Über seine Zeit im Krieg hat er wenig gesprochen, aber dass er ein Held gewesen sein soll, das kann ich mir wirklich nicht vorstellen. Was will der Kerl denn von dir?" Modders Stimme wurde immer unsicherer, und mein Bauch meldete leichten Alarm. „Der Kerl ist Unternehmensberater. So steht es jedenfalls auf seiner Karte, die er mir gegeben hat. Ich soll mich bei ihm melden, er würde mir dann von Vater erzählen." „Das ist ein Quatschkopf, du vertust deine Zeit. Ich jedenfalls will mit ihm nichts zu tun haben." „Von dir hat er auch in der Tat nichts gesagt. Ja, es stimmt schon, wenn er Vaters bester Freund war, dann hätte er ja auch von dir vieles wissen müssen. Er wusste nicht mal, dass er Vater geworden war. Ich glaube, du hast Recht, er dürfte ein Quatschkopf sein." Modder trank ihr

Glas leer und Farbe kehrte in ihr Gesicht zurück. Ich war auch beruhigt. Hörte sich wirklich nicht plausibel an, was der Herr Klein mir da auftischen wollte.

Trotzdem erzählte ich die Geschichte Wiebke, als sie spät nach Hause kam. Wir genehmigten uns einen Bourbon mit Gingerale und Wiebke fragte:

„Interessiert dich wirklich nicht, ob dieser Typ etwas von deinem Vater weiß?"

„Ich weiß ehrlich gesagt gar nicht, wie sich ein Gefühl für einen Vater anfühlt. Bernd Born hat daran nichts, aber auch wirklich gar nichts geändert", entgegnete ich. „Nee, so richtig interessieren tut es mich nicht. Höchstens einbisschen die Neugier befriedigen und rauskriegen, ob Klein ein Spinner ist oder ob er meinen Erzeuger wirklich kannte." „Dann rufe ihn doch einfach an und fühle ihm auf den Zahn." „Gute Idee! Was würde ich nur ohne mein kluges Weib machen?"

„Das sich gerade gar nicht so klug fühlt. Nächste Woche wird mein Vater 60.

Was machen wir? Bislang haben sie jedes Paket zurückgeschickt, meine Briefe sicher ungelesen in den Papierkorb befördert und aufgelegt, wenn ich am Telefon versucht hab, mit ihnen zu sprechen." „Ja, der Stachel sitzt tief, und um sie zu versöhnen, musst du wenigstens zwei Monate mit dem Wachturm vor dem Kölner Dom stehen und in ihrem Königreichssaal platt auf dem Boden liegend um Verzeihung bitten", antwortete ich und nahm sie in den Arm. Wir tranken unseren Whisky aus.
Wir hatten schon mindestens hundertmal über diesen verhängnisvollenAbend von damals geredet. Jetzt gingen wir wortlos ins Bett.

Ein verhängnisvoller Abend

Hamburg, Februar 1981

Es war vierzehn Tage nach der ersten Fischplatte im Elysee. Wir hatten

Wiebkes Eltern zum Abendessen eingeladen. Wir genehmigten uns, bevor sie kamen, schon mal zwei Helbing Kümmel. Das machten wir immer vor einem Besuch von ihnen, es machte den Besuch einfach leichter.
Der Abendfing erstaunlich gut an. Vater Erich und Mutter Gerda waren gesprächig wie selten, und der Grünkohl war, ebenfalls wie selten, einfach erste Klasse.
„Wiebke, meine Süße, du hast dich wirklich selber übertroffen. Der Grünkohlist genauso, wie er sein muss", lobte ich meine Frau. „Ja, schmeckt wirklich sehr gut, richtig nach Holsteiner Art", lobte auch Erich und fügte hinzu: „Fehlen nur die süßen Bratkartoffeln."
„Kann dir gern den Zuckertopf bringen", erbot ich mich, sollte doch alles harmonisch laufen. „Nee, lass man", meinte Erich, „Holsteiner Art geht auch mit ungesüßten Bratkartoffeln."
Wiebkes Eltern kamen nämlich aus Pinneberg, und das liegt in Holstein.
„Danke für dieBlumen" und dann

gestand Wiebke: „Tommys Mutter war gestern da, aber ich hab die Pellkartoffeln gemacht und daraus die Bratkartoffeln heute." Na immerhin, dachte ich. Schade, dass meine Mutter nicht häufiger vorbeikam.
Und genau dafür liebte ich meine Wiebke über alles. Ich kenne niemanden, der so schlitzohrig sein kann wie sie. Aber ich kenne auch niemanden, der so ehrlich ist wie sie. Für mich hat der, der die Notlüge erfunden hat, den Frieden mehr geliebt als die Wahrheit. Bei Wiebke ist das genau umgekehrt.
Für sie ist die Wahrheit wichtiger als der Friede. Aber der Friede an diesem Abend wäre auch mit einer Kochkunst-Notlüge nicht zu retten gewesen. Nach dem Grünkohl gab es noch 'ne Runde Helbing für alle, es war harmonisch wie selten mit den beiden. Und dann fing Wiebke an: „Der Grund für unsere Einladung heute ist ein ganz besonderer. Wir können euch nämlich die sehr, sehr erfreuliche Nachricht

machen, dass ihr noch einmal Großeltern werdet." Strahlendes Gesicht bei Wiebke, strahlendes Gesicht bei mir, tiefe Betroffenheit bei Erich und Gerda. Erich fing sich als erster und schnaubte förmlich: „Wie könnt ihr nur. Wie unverantwortlich seid ihr denn? Erst setzt ihrBosse in die Welt, und nun noch einen armen Wurm. Habt ihr denn gar nichtsgelernt? Wie oft haben wir euch gesagt, der jüngste Tag ist nicht mehr fern."

„Die Welt steht vor dem Untergang, und die Worte Jehovas werden wahr. Weil sie wahr sind! Und ihr Ungläubigen tretet seine Lehren mit Füßen." Die Farbe in Wiebkes Gesicht wechselte von hochrot zu leichenblass. „Das meinst du jetzt nicht wirklich ernst?", entgegnete sie in einem schon etwas lauteren Ton. „Aber dein Vater hat doch nur Recht", meinte Gerda, „die Lehren des Jehova erfüllen sich alle, und die Apokalypse unserer Welt steht kurz bevor. Da setzt man doch keine Kinder mehr in die Welt." Ich versuchte es noch mit einem „Aber es heißt doch, seid fruchtbar und mehret euch". „Du verstehst gar nichts, du bist und bleibst ein *Atheist", kam von Gerda und von Erich: „Genau, Atheisten seid ihr alle beide." „Und euch haben sie eine Gehirnwäsche verabreicht", brüllte Wiebke jetzt förmlich, „und eurem Jehova haben sie doch ins Gehirn geschissen, so verblödet kann doch kein halbwegsnormaler Mensch sein, um diese gequirlte Scheiße zu glauben." „Komm, Gerda, lass uns bloß aus dieser Hölle mit diesen Unmenschen, die sich an Jehova versündigen, wie es nur Teufel können."* entfliehen". Erich stieß mit voller Wucht seinen Stuhl nach hinten. Zur Dramatik hätte jetzt gehört, dass der Stuhl umfliegt, aber er hielt sich gerade noch. Dafür wurde dann, als sie fluchtartig das Haus verließen, zumindest die Haustür so laut zugeknallt, dass Bosse ganz verschlafen ins Wohnzimmer kam und fragte, ob es ein Gewitter gäbe. „Das Gewitter ist gerade abgezogen", tröstete ich ihn. Und das Gewitter kommt auch nicht wieder, und das wird wohl auch bis zum jüngsten Tag so bleiben.

Wir brachten Bosse zu Bett. Wiebke weinte bitterlich, da half auch kein Helbing mehr. Ich nahm sie in den Arm und massierte ihren Nacken. Das half meistens, auch jetzt. Als sie sich wieder gefangen hatte, wagte ich einen ersten Vorstoß: „War es für dich wirklich so schlimm, was sie sagten? Du kennst sie doch, und du weißt, was sie denken, und das schon dein ganzes Leben lang." „Das ist es ja gerade", wieder schluchzend: „Schon als Kind warmir dieses ganze Jehova-Theater zuwider." „Aber Süße, so verbohrt wie deine Eltern sind doch nicht alle Zeugen Jehovas. Da gibt es doch bestimmt auch welche, mit denen man vernünftig reden kann." „Mag ja sein", erwiderte Wiebke, „meine Eltern gehören aber nicht dazu, und ich kann diese Verbohrtheit einfach nicht mehr ertragen." „Ja, Süße, du bist wirklich total ausgeflippt. Ins Hirn geschissen, verblödet, gequirlte Scheiße! Ich kenne dichgar nicht so." „Ach Tommy, das bin schon auch ich. Als Jugendliche wurde ichständig gemobbt. Jehovas Liebling, die Heilige oder, da kommt das Ende derWelt. Ich bin in einem Bezirk in Pinneberg groß geworden, der war nicht gerade vornehm. Auf der Straße bei uns war es entsprechend. Da waren meine eben genannten Kosenamen eher harmlos. Und ich habe mich der Straße angepasst, mich gewehrt, und ich bin durchgekommen. Zum Glück reagiere ich meine Wut, wenn ich mich in die Ecke gedrückt fühle, nur verbal ab. Die körperliche Aggression habe ich schon immer abgelehnt, obwohl die Fäuste bei uns auf der Straße ständig flogen. Aber verbal muss ich mich dann wehren, und wenn ich in der Ecke bin, dann kann ich mich einfach nicht mehr beherrschen. Je drastischer ich werde, umso besser kann ich mich dann abreagieren. Du hast es ja gerade erlebt." „Süße, das ist jetzt wirklich neu für mich. So habe ich dich noch nie erlebt." „Du hast mich ja auch noch nie so in die Ecke gedrängt. Ich liebe dich so sehr, auch dafür."

Telefonat mit Herrn Klein und eine geladene Wiebke
Köln, September 1984

Es dauerte keine zwei Tage, da setzte ich meinen mit Wiebke gefassten Entschluss um, und ich rief den Herrn Klein an.

„Guten Tag, Büro Dr. Robert Klein, Elke Rosner am Apparat. Was kann ich für Sie tun?" Elke Rosners Stimme war nicht so melodisch und einschmeichelnd wie die von Angela Himmel, aber auch nicht schlecht. „Mein Name ist Thomas Johansson. Ich würde gern mit Dr. Klein sprechen."

„Könnten Sie mir bitte sagen, worum es geht?" „Dr. Klein bat mich, ihn anzurufen, und dem Wunsch komme ich jetzt nach." „Einen Moment bitte."

„Klein, grüße Sie, Herr Johansson. Schön, dass Sie sich melden. Geht's Ihnen gut?" „Ja, vielen Dank. Sie haben mich in der Tat neugierig gemacht, Dr. Klein." „Nu lassen Sie mal den Doktor, ich hab ihn ja nicht mal auf der Visitenkarte. Nur mein Vorzimmer will unbedingt den Doktor. Kann ich ihnen nicht abgewöhnen. Um ehrlich zu sein, ich glaube, der Doktor behindert eher das Geschäft. Meine Kunden sind sehr bodenständig, und die wollen lieber den Praktiker als den Akademiker." „Gut, Herr Klein. Lassen Sie mich am besten gleich mit der Tür ins Haus fallen. Ich habe mit meiner Mutter über Sie gesprochen. Sie kennt Sie nicht und hält das, was Sie erzählen, für einen Irrtum. Sie meint, wenn Sie wirklich ein Freund meines Vaters wären, dann müsste sie Sie kennen, und das tut sie nicht." „OK, ich kann Ihre Skepsis gut verstehen. Ich selber hab ja auch nur gestaunt. Passen Sie auf. Ich will mich gar nicht in Ihre familiären Angelegenheiten einmischen. Fragen

Sie einfach Ihre Mutter noch einmal nach den genauen Ursachen des Todes Ihres Vaters. Das könnte schon helfen. Kennen Sie seine Grabstätte?" „Ja, es ist die Ostsee." „So etwas habe ich mir schon gedacht. Passen Sie auf, Herr Johansson. Wenn Sie wirklich daran interessiert sind, mehr über Ihren Vater zu erfahren, dann löchern Sie zuerst Ihre Mutter. Danach werden Sie dann von selber den Kontakt zu mir suchen. Wenn aber nach Ihrem Gespräch mit Ihrer Mutter kein Interesse bei Ihnen mehr da ist, auch gut. Dann melden Sie sich eben ganz einfach nicht. Ich würde mich schon für meinen besten Freund freuen, wenn Sie mehr über ihn erfahren wollten. Glauben Sie mir, es lohnt." Wir verabschiedeten uns in aller Freundlichkeit, aber als ich auflegte, war ich deutlich irritierter, als ich es mir vorher vorgestellt hatte. Meine heile Familienblase war in Gefahr, das meldete mein Bauch ganz deutlich. Mein Beschützerteil in mir flüsterte: „Alles Quatsch, Klein ist ein Spinner.

Was gehtmich dieser Wichtigtuer an."
Der Realist in mir allerdings flüsterte:
„Er hörte sich aber weder wie ein
Spinner noch wie ein Wichtigtuer an."
Sollte ich mit Modder noch mal etwas
intensiver sprechen, könnte das
bedeuten, da geht was in die Brüche,
was ich auf keinen Fall in die Brüche
gehen lassen will. Aber der Zweifel war
gesät, und er würde mir zusetzen, wenn
ich ihm nichtnachgehen würde.
Scheiße, dieser Blödmann Klein.
Warum bringt mich dieser Idiot in diese
Zwickmühle? Aber wahrscheinlich ist er
weder ein Blödmann noch ein Idiot.
Egal, ich hab angerufen und mich
reinziehen lassen, und nun muss ich da
raus. So viel Einsicht muss sein.
Als ich am Nachmittag nach diesem
Telefonat nach Hause kam, werkelte
Modder in der Küche. Gleich nach
meiner Begrüßung erzählte sie mir,
dass sie heute Abend in irgendein
Gospelkonzert wollte. „Du wirst es nicht
glauben,min Jung, wer mich begleiten
wird." „Na sag schon, ich hab wirklich

keine Ahnung." „Frau von Felden, unsere Nachbarin. Sie hat mich gefragt, als ich heute Vormittag im Garten war. Ist das nicht nett von ihr? Und wir werden sogar gefahren. Ich freue mich richtig." „Na dann viel Spaß, Modder", war alles, was ich sagen konnte. Nee, heute mit ihr sprechen geht gar nicht. Muss ja auch nicht sein, und vorher mit Wiebke alles beratschlagen ist ohnehin besser.

Aus dem Beratschlagen mit Wiebke wurde allerdings nichts. Keine Stunde, nachdem ich zu Hause war, rief sie mich an. Ich merkte sofort an der Leitungsqualität, dass sie aus dem Auto anrief. Frau Vorstand musste natürlich in ihrem Schlitten ein Autotelefon haben, hat ja auch sonst kaum jemand. „So früh schon auf dem Weg nach Haus, meine Süße. Was ist los?" Die Antwort war keine, sondern im Befehlston die Anweisung von Frau Vorstand: „Frage Modder, ob sie heute Abend die Kinder nehmen kann, ich brauche dich heute allein." „Modder will heute mit Frau von Felden in ein Gospelkonzert. Die Karte hat sie schon. Was ist denn los?" „Muss ich dir in Ruhe erzählen, ohne Kinder, ohne Modder." „Wann bist du hier?" „Ich muss noch was in einer Agentur abholen und komme dann direkt nach Haus. So inzirka einer Stunde bin ich da, und dann würde ich gern mit dir durch die Felder laufen. Da brauchen wir auf den Feldwegen kein Licht, haben keine Zuhörer und ich muss Luft und Bewegung haben." „Gut, ich kümmere mich. Fahr vorsichtig, du hörst dich geladen an." „Ich bin geladen. Bis später." Aufgelegt – Vielen Dank, lieber Tommy, das ist lieb von dir! – Na gut, sie ist geladen.

Marina hatte Zeit und Lust zu kommen. Keine Frage, es ist schon ein Vorteil, wenn wir als Privathaushalt so eine treue Seele beschäftigen können. Modder wäre auch geblieben, so war es mir aber lieber. Wie hätte sie dasauch Frau von Felden erklären sollen.

Als ich Bosse und Emma erzählte, dass nachher Marina kommen würde, waren beide ganz begeistert. Mir wurde auf einmal klar, wie viel Glück wir hatten. Unsere Kinder liebten ihre Oma über alles und waren nur glücklich, wenn Marina auf sie aufpasste. Wiebke sah die Kinder kurz morgens und am Wochenende, aber da mussten wir ihr auch Zeit zum Erholen, also Zeit für sich selbst, zugestehen. Ich spielte zwar nachmittags mit Bosse mal Fußball oder machte, wenn nötig, Hausaufgaben mit ihm. Emma hatte ich immerhin mit eigenen Händen eine Rutsche aufgebaut, und nach dem Kindergarten ließ ich sie zu ihrem größten Vergnügen rutschen. Dann waren wir noch zumAbendessen zusammen, und ich brachte sie dann meistens ins Bett, mit Gute-Nacht-Geschichte. Aber keine Frage, die meiste Zeit kümmerte sich Modder um sie. Da ich aber wusste, dass alle das genossen, hatte ich auch kein schlechtes Gewissen. Aber jetzt brauchte mich Wiebke.

Eine Stunde später saß ich in den weichen Lederpolstern der Vorstandskarosse. Wir fuhren raus zu den Feldern, und wir hielten vor einem

zwei Spuren ausgelegten landwirtschaftlichen Weg. Es begann zu nieseln, aber das konnte uns nicht abhalten, auch ohne Schirm loszumarschieren. Es wurde schon richtig schummrig, aber wir konnten den Weg gut erkennen. Wiebke konnte kaum an sich halten und legte sofort los, als wir losgingen.
„Dieser Laden ist eine verdammte Schlangengrube. Diese Arschlöcher von Vorständen können nichts anderes, als sich mit sich selbst beschäftigen und Fehler und Versäumnisse der werten Kollegen suchen und, wenn nötig, auch manipulieren. Dem Eichner würd ich am liebsten seine Eier abschneiden undsie mir zum Frühstück braten." „Gehe ich recht in der Annahme, dass meine Süße sich in die Ecke gedrängt fühlt und dass sie jetzt in ihren Straßenjargon fällt", wagte ich einzuwenden. „Ganz genau, und schreien möchte ich auch noch." „Tu dir meinetwegen keinen Zwang an. Hier hört dich nicht mal 'ne Kuh, und ich höre

dir zu." „Na also! Dieser Eichner, dieser Vollpfosten, bringt vertrieblich nichts auf die Reihe, und seine neue Vertriebsstrategie ist nur hirnrissig. Ich hab aus meiner Sicht des Controllings das Konzept äußerst sachlich und nicht die Spur polemisch zerpflückt, und Hiller hat mir voll und ganz zugestimmt. Soweit, so gut. Dass das dem Eichner nicht passte, kann ich ja verstehen, wer will schon seine eigene Unfähigkeit so präsentiert bekommen. Aber statt das Gespräch mit mir oder Hiller zu suchen, hat dieser Armleuchter Eichner tatsächlich an Hiller vorbei dem Vorsitzenden des Aufsichtsrats geschrieben, und er hat ihm eine völlig frei erfundene Story über mich berichtet. Stell dir nur vor, er könne angeblich belegen, dass ich mit meiner Aufgabe völlig überfordert wäre. Ich würde in meiner Funktion als Vorständin für Controlling und Finanzen die Entwicklung des Unternehmens behindern. Außerdem würde ich nur von Hiller geschützt werden. Keine Fakten,

keine Beweise für diesen Dreck. Auf meine Argumente konnte er natürlich auch nichts erwidern. Aber prompt gab es heute einen Termin mit Hiller und mir bei Euer Ehren. Er will sich ja nicht in die operativen Geschäfte einmischen, aber er müsse als Vorsitzender des Aufsichtsrates den Vorwürfen natürlich nachgehen. Bla, bla,bla. Wir konnten natürlich alles entkräften, aber Zweifel werden trotzdem bleiben, denn so tief steckt der werte Herr Vorsitzende im operativen Geschäft natürlich nicht drin. So richtig wird er die wirkliche Hinterfotzigkeit von Eichner nicht erfassen können. Klar, Hiller wird von ihm geschätzt, aber von meiner Arbeit und was ich wirklich bewege, hat er keinen Dunst.
Höchstwahrscheinlich bewege ich für diese Bürokraten da viel zu viel, störe ihre Komfortzone, mache ihnen vielleicht sogar Angst. Das würden sie natürlich nie zugeben und deshalb geht's schön unter die Gürtellinie. Ich blöde Gans arbeite 12 bis 14 Stunden

am Tag, manchmal sogar nachts, zerbreche mir ständig den Kopf, kann wirklich was vorweisen. Und weißt du was, das alles macht mich für die werten Kollegen so unbeliebt. Hinzu kommt, dass Hiller zu mir steht und mir den Rücken stärkt. Schon deshalb stehe ich bei meinen werten Vorstandskollegen ständig unter Beobachtung. Ich könnte ja was über sie finden, könnte ja ans Licht bringen, dass sie nur halb so gut und effektiv sind, wie sie aller Welt weiß machen wollen und sie tatsächlich Nieten in Nadelstreifen sind. Ich bin einfach fertig. Ständig diese Anspannung, ständig dieses sich unter Beobachtung Fühlen. Und jetzt auch noch der Aufsichtsrat, der mich bestimmt jetzt noch kritischer sieht, als schon zuvor. Ich fühle mich wie auf dem Schleudersitz und ohne Hiller wäre er wohl schon in Betrieb gegangen und hätte mich rausgeschleudert." Kurze Pause, die nutzte und sagte: „Komm, du atmest jetzt ganz tief durch und wir überlegen, wie du aus diesem Schlamassel rauskommst." Es nieselte immer noch und wir wurden immer nasser. Wiebke merkte es wahrscheinlich gar nicht, mir war es egal. Ich brachte sie tatsächlich dazu, tief und regelmäßig zuatmen. Schon etwas ruhiger sagte sie dann: „Das Einfachste wäre, ich würde eine Geschlechtsumwandlung vornehmen. Die Zeit für eine Frau im Vorstandist einfach noch nicht reif. Schon gar nicht, wenn die Frau gut ist." Ich nahm sie in den Arm und versuchte weiter zu beruhigen: „Süße, wenn es eine schafft, dann du! Ich habe nur Angst, dass dich das alles nicht nur mental, sondern auch körperlich belastet. Du hast abgenommen und mit Verlaub, du siehst ziemlich grau aus ohne Schminke". „Gefalle ich dir jetzt auch nicht mehr?" „Hör auf mit dem Kinderkram, ich mach mir Sorgen um dich. Lohnt das alles? Ist Macht, großes Haus, Putzfrau und Gärtner, Riesenkarre und was weiß ich noch alles, ist es das wirklich wert, dass du deine Gesundheit und deinen Seelenfrieden dafür riskierst?" „Ach, wenn es doch so einfach wäre, mein Tom. Ich kann doch jetzt nicht einfach aufgeben. Ich bin eineinhalb Jahre in dem Job. Ich weiß, dass ich ihn gut mache, und ich werde mir das durch diese männlichen Giftschlangen nicht madig machen lassen. Ich werde kämpfen und du sorgst dafür, dass ich fürs Kämpfen genugKraft habe." „Na gut, Süße. I'll do my very best! Für mich musst du keine Vorstandsfrau sein, das weißt du genau, und wenn wir in allem Rückschritte machen müssen, ich werde damit kein Problem haben." „Ich weiß, mein Schatz, aber ich. Rückschritt ist keine Option. Rückschritt ist was für Weicheier und glaube mir, die Säcke von Vorstandskollegen werden mich nicht klein kriegen, auch wenn ich mich erst mal schwarz über sie ärgere. Wenn ich mich in was verbessern muss, dann darin, dass ich einfach aufhöre, mich über diese Unsinnigkeiten zu ärgern. Klasse

Herausforderung. Ich glaube, mir geht's schon besser. Und wenn ich das mit dem Nichtärgern nicht ganz schaffe, dann gehen wir wieder in die Felder. Hat mir wirklich gutgetan. Es regnet übrigens, lass uns umkehren." Jetzt mit ihr noch über Klein und Modder reden, dazu hatte ich weder Lust, noch wäre es wohl angebracht. Und so schlenderten wir schweigend Arm in Arm, den Regen nach wie vor ignorierend, zum Auto zurück.

Gespräch mit Modder

Köln, September 1984

Als ich am nächsten Tag aus der Praxis kam, wollte ich gleich mit Modder reden. Sie war wieder in der Küche. Bosse machte Hausaufgaben, Emma war noch im Kindergarten, also beste Bedingungen. Modder pfiff fröhlich vor sich hin. „So gut gelaunt?" fing ich an. „Es war ein super Konzert gestern, min Jung. Die Stimmen von Schwarzen beim Gospel sind einfach nicht zu toppen.Wir haben im Saal alle ein bisschen geschwebt, sogar Frau von Felden.

Hätte ich ihr gar nicht zugetraut. Hätte dir bestimmt auch gefallen. Willst 'nen Kaffee? Hab vorhin einen Kirschkuchen gebacken, der schmeckt ohne Kaffee nicht."

Ok, Kirschkuchen und Befragung nach meinem Vater, das passt einfach nicht. Wiebke würde sofort fragen, warum soll das nicht passen? Aber Wiebke hatte genug eigene Themen und ich beschloss, dass das mit der Befragung durchaus Zeit hatte. Als ich zwei Tage später immer noch nichtgefragt hatte, war dann sogar mir klar: Ich hatte eindeutig Schiss. Nun brauchte ich keine Wiebke dazu, die mir sagen würde, Schiss ist keine Option. Der Kopf sagte, was soll schon passieren, du weißt doch, dass Modder dir ohnehin schon alles über deinen Vater gesagt hat. Der Bauch warsich da gar nicht mehr so sicher und signalisierte Gefahr.

Aber klar, ich will es wissen! Wenn da was aufzuklären wäre, dann muss es aufgeklärt werden, und Schiss ist da wirklich keine Option.

Als am Abend die Kinder im Bett waren, Wiebke irgendeine Vorstandssitzung bis in die Puppen haben würde, bat ich Modder auf ein Glas Rotwein ins Wohnzimmer. Bitte jetzt nicht fragen, warum Kirschkuchen vor zwei Tagen nicht ging und Rotwein heute doch. Ein bisschen Geplänkel über die Kinder und dass Frau von Felden doch ganz nett sei. Doch dann gab ich mir einen Schubs und fing an: „Modder, ich hab diesen Klein angerufen." „Wer ist das denn?" „Das ist der, der behauptet, dass er der beste Freund meines Vaters ist." „Der Spinner, warum hast du den denn noch angerufen." Ihre Stimme war merklich brüchig, was meine Magenschmerzen verschlimmerte. „Ich war und bin immer noch neugierig." „Ach hör doch auf, das ist ein Wichtigtuer. Ich habe überhaupt keine Lust, über die Fantasien von so

einem überhaupt zu reden." „Mag sein, aber er hat trotzdem meine Neugier geweckt. Er meinte, ich soll dich noch mal nach dem Tod von Vater genauer befragen." Schweigen, aber ein entsetztes Gesicht. Sah ich da sogar Tränen? „Was hater noch so gesagt, dein Herr Klein?" „Modder, es ist nicht mein Herr Klein. Er hat halt noch mal behauptet, dass er der beste Freund meines Vaters wäre, er sich nicht in unsere Familienangelegenheiten einmischen will, und ich dich zum Tod von Vater befragen soll. So, Modder, nun ganz sachlich, hast du mir alles über Vaters Tod erzählt? Ich bin dein Sohn und wenn du dazu was zu sagen hast, was du mir bislang nicht gesagt hast, dann ist genau jetzt der richtige Zeitpunkt, das zu tun. Ich merke doch, dass da was nicht koscher ist. Ich kenne dich immerhin 36 Jahre."
„Unsinn, nicht koscher. Ich ärgere mich bloß über diesen Kerl, der seine freche Nase in unsere Familie stecken will."
„Will er eben nicht, sonst hätte er mir

nicht vorgeschlagen, erst mit dir zu sprechen. Und nochmal, ich spüre doch, dass da was ist. Also, raus damit, was war mit dem Tod deines Mannes? Ich will das nicht von irgendeinem Fremden hören, sondern von dir." Sie war schon vorher den Tränen nah und jetzt war kein Halten mehr. Sie zitterte am ganzen Körper, und ihr Gesicht war buchstäblich tränenüberströmt. Mir wurde immer schlechter. Sollte ich sie jetzt in den Arm nehmen oder stur auf der Wahrheit bestehen? In den Arm nehmen heißt, ein Schlupfloch aufmachen. Nein, diesmal stark sein. Tränen hin, Tränen her. Ich sagte nichts, obwohl mir das Schweigen richtigzusetzte. Modder aber noch mehr. Es dauerte, bis sie sich etwas beruhigte.
„Ja, du hast recht, da ist etwas nicht koscher. Gut, ich war bislang zu feige für die Wahrheit. Immer hatte ich Angst davor, sie dir zu sagen. Und je länger ich wartete, umso mehr Angst hatte ich vor der Wahrheit. Erst warst du zu jung

dafür, dann passierte die Geschichte mit Bernd, danach warst du wiederzu alt. Ich habe wirklich geglaubt, du würdest mit meiner Wahrheit besser leben, als du es mit der objektiven Wahrheit könntest." „Modder" „Bitte unterbrich mich nicht. Ja, es ist wahr, ich habe dir die Wahrheit vorenthalten. Ich habe es wirklich nur gut gemeint, und fang jetzt nicht damit an, dass das Gegenteil von gut nicht schlecht, sondern gut gemeint ist. Ich weiß das, und ich schämte mich sehr für mich selber. Natürlich wusste ich, dass du ein Anrecht auf die Wahrheit hast. Ich hatte aber noch viel mehr Angst davor, dass du dich genau deshalb von mir abwenden würdest, und das wäre das Schlimmste, was ich mir überhaupt vorstellen kann. Ich habe geglaubt, ich komme damit durch, aber wie ich sehe, macht mir Herr Klein einen Strich durch die Rechnung. Nun gut, bei aller Scham und aller Angst, die Wahrheit und nichts als die Wahrheit.

Modder erzählt alles

„Ja, wo fange ich an? Am besten wohl am Anfang! Dein Vater wurde 1921 geboren. Sein Vater war Offizier im Ersten Weltkrieg. 1917 erlitt der eine schwere Kriegsverletzung, was zur Folge hatte, dass sein rechtes Bein amputiert werden musste. Seine guten Verbindungen halfen ihm, dann einen guten Posten bei der Deutschen Bank zu bekommen. Bruno wuchs also in einem eher privilegierten Elternhaus auf. Er wuchs aber auch in den Wirren der ersten Jahre der Weimarer Republik, in den Wirren der Inflationsjahre auf. 1924 kam sein Bruder Frank auf die Welt. Bruno fühlte sich von Anfang an als großer Bruder. Diese Rolle hat er bis zum Schluss beibehalten. Brunoberichtete mir später voller Stolz, dass sein Vater immer schon die Republik gehasst habe. Viel weitsichtiger als die meisten Deutschen, er war nämlich ein wahrer Deutscher, schloss er sich schon sehr früh der Nationalen Partei an, die dann später zur NSDAP wurde. Ganz im Sinne der Familie Johansson meldete sich Bruno gleich nach dem Abitur freiwillig zur Wehrmacht.

Bei seinem Heimaturlaub 1941 lernten wir uns bei einer Tanzveranstaltung im Tivoli kennen. Zu dieser Zeit war es absolut üblich, dass eine Tanzkapelle aufder Bühne spielte. Sie spielten einen Walzer, welchen weiß ich nicht mehr. Er forderte mich auf, und er schwebte förmlich mit mir über die Tanzfläche. Ja, es war tatsächlich Liebe auf den ersten Blick. Er brachte mich nach Hause, gab mir einen Kuss auf die Wange und sagte: „Du hast mir den schönsten Abend seit ewigen Zeiten bereitet. Treffen wir uns morgen Nachmittag am Planetarium im Stadtpark wieder?" Und wie gern ich zusagte. Das Planetarium wurde vor einigen Jahren aus einem alten Wasserturm gebaut.

Ich war noch nie drinnen, und heute interessierte mich Bruno deutlich mehr, als mich die Sterne interessieren konnten. Bruno hatte nur noch 5 Tage Urlaub, dann musste er zurück.

Deshalb hatten wir natürlich nicht riesig viel Zeit, uns kennenzulernen. Das war aber auch gar nicht nötig, die Liebe ersetzte das alles. Ich wollte ihn und er mich, und dass die Männer nun mal im Krieg waren, das war doch bei allen so. Anfang 1942 wurde ich schwanger, und meine und seine Eltern bestanden auf Heirat. Auch wir hatten kein Problem damit. Es war eine Kriegshochzeit, wie es so viele in dieser Zeit gab. Ich muss zugeben, dass ich weder Schwiegermutter noch Schwiegervater in mein Herz schließen konnte. Sie behandelten mich sehr von oben herab. Ja, sie ließen mich deutlich spüren, dass Bruno sich da mit einer eingelassen hatte, die nicht dem Niveau der Johanssons entsprach. Sympathisch fand ich lediglich meinen neuen Schwager Frank. Hätte mich jemand etwas über das Leben meines Mannes gefragt, ich hätte so gut wie nichts gewusst. Er war im Osten eingesetzt, zuerst noch in Polen, aber dann wurde er nach Russland geschickt. Er schrieb mir, wie kalt es bei ihm war, dass er allerdings sehr stolz sei, Deutschland dienen zu können. „Da macht einem die Kälte schon gar nichts mehr aus", schrieb er. Obwohl er so weit weg war, kam er alle drei Monate auf Heimaturlaub. Aber da hatten wir anderes zu tun, als über Vergangenheit und Krieg zu reden.

In seinem Heimaturlaub vor der Hochzeit überraschte er mich. Es war im Mai 1942, ich war im 5. Monat. Ich lebte natürlich noch bei meinen Eltern, an eine eigene Wohnung war gar nicht zu denken. Bruno nahm mich bei der Hand, und er führte mich an die Außenalster. „Gefällt es dir hier?", fragte er. „Na du bist gut", antwortete ich, „wir sind in einer von Hamburgs schönsten Gegenden überhaupt." Die Sonne gab sich allergrößte Mühe und verwandelte das Wasser in pures Gold, die schmucken weißen Segelboote, Kinder, die Enten fütterten, wie schön Hamburg doch war. „Komm, wir gehen mal die Johnsallee entlang", sagte er. Die Johnsallee endet an der Außenalster, und schon deshalb gehört

sie zu den vornehmen Stadtteilen Hamburgs. Wir hielten vor einem Vierfamilienhaus an. Das Haus passte genau in diese vornehme Gegend, auch wenn es nicht, wie die noch vornehmer aussehenden anderen Villen in dieser Straße, so prunkvoll war.
„Hast du Lust, wollen wir uns das Haus mal ansehen?", fragte er mich.
„Kennst du denn hier wen?", fragte ich zurück. „Ja, mein Kamerad Hans Grot wohnt hier seit kurzer Zeit mit seiner Frau. Komm, wir klingeln mal." Und schon war er an der Tür und klingelte. Kurz darauf öffnete sein Kamerad Hans die Haustür. „Na, Wohnungsbesichtigung?", waren seine ersten Worte.
„Klar, was glaubst du denn", erwiderte Bruno. Aber statt in die Grot-Wohnung zu gehen, schloss Bruno die Wohnung neben den Grotes auf. „Darf ich meine Braut über die Schwelle tragen?" Ich dachte, ich hätte mich verhört aber da nahm mich Bruno tatsächlich auf seine Arme, und dann trug er mich über die

Schwelle dieser Wohnung. „Muss doch für was gut sein, dass wir unsere guten Kontakte haben", sagte Bruno noch, aber ich wollte immer nochnicht so recht begreifen. „Wach auf, liebste Eri, du bist in unserer neuen Wohnung. Mein Kamerad Hans mit seiner Susanne hat die Wohnung nebenan, und wir haben diese hier bekommen. Wie du siehst, gibt es auch schon Möbel. Mag sein, dass sie etwas altmodisch sind, aber besser als Apfelsinenkisten. Schau dich nur um. Wohnzimmer, Schlafzimmer und Küche. Und das Größte überhaupt, eine eigene Badewanne und ein eigenes Klo". „Aber, aber wie bist du an diese tolle Wohnung gekommen?", stammelte ich nur. „Liebste Eri, das neue Deutschland hat für die, die sich in seinen Dienststellen, immer Überraschungen parat. Nur die Parasiten werden lernen, was es heißt, Parasit zu sein." Ich war viel zu verwirrt, um zu fragen, wen er denn mit den Parasiten meinte. Und so zogen wir in diese Wohnung, in diese vornehme Gegend und ich fand das, nachdem ich aufhörte mich zu wundern, ganz normal.

Ich kam vom Besuch meiner Eltern, und ich wollte ganz gemütlich in unsere neue Wohnung zurück, im 6. Monat war Schlendern angesagt. Der Juni war schon richtig Sommer, da genügte mir ein leichtes Sommerkleid. Mein Bauch war schon deutlich runder geworden, das Kleidchen war deshalb richtig schön bequem. Als ich an der Alster angekommen war, genoss ich, wie immer, diese tolle Stille in der großen Stadt. Ich freute mich zu sehen, wie ein Schwan mit seinen drei Jungen an mir vorbeizog. Was für eine tolle Familie, obwohl ich mir nun drei Kinder wirklich nicht vorstellen konnte. Ohne jede Vorwarnung spürte ich auf einmal einen heftigen Stoß, der mich richtig in die Luft wirbelte,und mich dann ungebremst auf den Schotterboden knallen ließ. Ein Fahrradfahrer hatte mich mit hohem Tempo einfach über den Haufen

gefahren. Ich zog mir beim Sturz einen Oberschenkelhalsbruch zu. Das war zwar schmerzhaft, aber nichts gegen die Nachricht, dass unser Kind beim Sturz so geschädigt wurde, dass die Ärzte sofort einen Abort durchführen mussten. Man versprach mir, Bruno zu benachrichtigen, und 14 Tage nachdem Unfall kam er. Als SS-Offizier hatte er seine Möglichkeiten, auch Unmögliches durchzusetzen. Die gute Nachricht bei all dem Schrecklichen war, dass ich in jedem Fall weitere Kinder bekommen könne. Ich brauchte fast 3 Monate, bevor ich mich wieder ohne Seemannsgang vorwärts bewegen konnte. Aber ich wäre lieber humpelnd durchs Leben gehumpelt, wenn ich dafür hätte mein Kind behalten können. Bruno schien mit dem Verlust besser klarzukommen. Er war im Krieg, da war das Aufpassen auf das eigene Leben wichtiger als die Trauer um ein ungeborenes Kind.
Dann kam der Juli 1943.
Wie ich später erfuhr, nannten die

Engländer und Amerikaner die Aktion Gomorrha. Es war die Bombardierung Hamburgs von Juli bis Anfang August 1943. Nachts kamen die Engländer, am Tag die Amis. Mit meiner Nachbarin Susanne war ich ständig auf dem Weg in den Keller unseres Hauses. Gemeinsam mit den beiden anderen Familien, die mit uns in unserem Haus wohnten, zu denen wir aber nur wenig Kontakt hatten, hatten wir Angst, auch unser Haus könne getroffen werden. Wir hatten Glück. Einige Häuser weiter wurden allerdings in Schutt und Asche gelegt. Ganz furchtbar wurde es für die Johanssons. Ihr Haus bekam einen Volltreffer ab. Brunos Eltern und sein Bruder kamen ums Leben. Als Bruno auf Heimaturlaub kam, war er so erschüttert, wie ich ihn noch nie gesehen hatte. Ich erkannte ihn überhaupt nicht wieder. Mit hasserfülltem Gesicht stieß er hervor: „Diese Dreckschweine! Unschuldige Zivilisten umbringen, das können sie. Für jeden Hamburger werden wir 50

Tommy- und 50 Amischweine krepieren lassen". Inmeiner Unschuld wagte ich, wenig sensibel, zu sagen: „Aber machen wir dasdenn nicht auch in England?" Aus dem hasserfüllten wurde ein fratzenhaftes Gesicht, und ehe ich mich versah, bekam ich eine Backpfeife, die mich förmlich umhaute. Es war das erste und letzte Mal, dass er mich schlug.

„Bitte entschuldige. Ich drehe einfach durch, wenn ich das Gewäsch von deutscher Schuld höre. Die Welt ist mit uns im Krieg, und wir verteidigen nur unsere Rechte. Das hat nichts mit Schuld zu tun". Ich war klug und gleichzeitig naiv genug, um nichts weiter dazu zu sagen, auch in den zwei Jahren danach nicht.

1944 bekam Susanne die Mitteilung, dass ihr Hans für das Vaterland sein Leben lassen musste. Susanne und ich hatten uns angefreundet, und wie gut konnte ich ihren Schmerz nachempfinden. Wir sprachen viel miteinander. Zum Glück konnte sie die

Wohnung behalten. Hans war, wie Bruno auch, SS-Offizier, und Susanne bekam eine annehmbare Witwenrente. Aber das alles war natürlich kein Trost, der Verlust war zu groß. „Ich hasse diesen Krieg, ich hasse auch die Nazis, es sind für mich Verbrecher." Als Susanne mir das sagte, war ich erst mal erschrocken. Klar, ich hörte schon mal leise Kritik an den Nazis, sogar von meinem Vater. Aber das Wort Verbrecher in Zusammenhang mit den Nazis, das war doch befremdlich für mich. Oder hatte ich es doch schon gedacht, nur nicht selber zugegeben? „Susanne, unsere Männer sind, oder waren Nazis. Sind sie Verbrecher?" erwiderte ich. Und dann sagte Susanne etwas, was mir meine Naivität, mein unbesorgtes einfach Hin- und Annehmen brutal vor Augen führte. „Was glaubst du, wem unsere Wohnungen gehört haben? Wem die Einrichtung? Wo sind die hingekommen, die hier gewohnt haben?" bedrängte mich Susanne. Ich musste zu meinem eigenen Entsetzen zugeben, ich hatte mir darüber bislang nicht einen einzigen Gedanken gemacht. Aber jetzt wollte ich es wissen. „Komm, wir fragen die Brodersens von unten, wer hier vorher gewohnt hat. Das lässt mir jetzt keine Ruhe", sagte ich. „Kannst du dir sparen", erwiderte Susanne. „Ich habe sie schon gefragt. Es waren die Familien Rabin und Goldstein. Herr Brodersen erzählte mir, dass beide Familien mitten in der Nacht abgeholt worden seien. Sie durften noch ein paar Sachen in einen Koffer packen, dann mussten sie auf einen auf der Straße stehenden LKW steigen. Es hat keiner mehr etwas von ihnen gehört. Den Brodersens wurde nur gesagt, die Wohnungen seien jetzt frei".

„Aber was haben die denn gemacht?", fragte ich, als das Naivchen, das ich tatsächlich war. „Bekommst du das wirklich nicht mit, Erika, oder willst du michjetzt auf den Arm nehmen? Was sie getan haben? Sie waren Juden, und dasist im neuen Deutschland schlimmer, als wären sie Schwerverbrecher." Ich schämte mich in Grund und Boden. Natürlich habe ich die Hetze gegen die Juden mitbekommen, aber ich hätte nie gedacht, dass die einfach abtransportiert werden. Mir wurde auf der Stelle klar, dass ich an meiner Naivität arbeiten musste. Ich musste ohnehin an mir arbeiten, machte immer nur das, was andere von mir wollten. Susanne war da ganz anders, und genau von Susanne würde ich lernen. Ich bat sie, mir zu helfen, und sie sagte zu. Sie gab mir verbotene Bücher von Kästner und den Manns. Die musste ich natürlich immer zurückgeben, wenn Bruno kam, aber je mehr ich gelesen hatte, umso mehr wollte ich. Dazu kamen die offenen Gespräche mit Susanne, die mir sehr halfen, mich zu entwickeln. Der Schlag von Bruno damals hielt mich aber ab, mit ihm über das zu sprechen, was ich an Erkenntnissen und Einsichten über den

Krieg, vor allem aber über die Nazis gewonnen hatte. Ich merkte ganz deutlich, mein Abstand zu meinem Mann wurde groß und größer.
Kurz vor Kriegsende bekam ich einen Brief von ihm, abgestempelt in Berlin. Er schrieb, er müsse zu einem unabsehbaren und durchaus gefährlichen Einsatz. Es könne sein, dass ich jetzt lange, lange Zeit nichts von ihm hören würde. Dann kam ein gutes Jahr später die Nachricht, Bruno sei in amerikanischer Gefangenschaft an den Folgen einer sehr ansteckenden Krankheit gestorben. Aus diesem Grund wurde er mit den anderen an dieser Krankheit verstorbenen Kameraden sofort verbrannt und gemeinsam beigesetzt. Nun war es Susanne, die mir Trost und Beistand gab, denn trotz des gewonnenen Abstands zu ihm, ich liebte meinen Mann. Du siehst, ichhabe mich tatsächlich mit dem Tod meines Mannes abfinden müssen. Und dann im Februar 1948 geschah das Unglaubliche.

Die Auferstehung

Hamburg, Februar 1948

Ich durfte, wie auch Susanne, in unserer Wohnung bleiben. Es war ein Segen, denn es herrschte unheimlich große Wohnungsnot. Auch wenn wir wussten, dass unsere Vormieter alles andere als freiwillig ausgezogen waren, wir konnten daran jetzt ohnehin nichts mehr ändern. Es war Februar und richtig kalt. Susanne und ich heizten im Wechsel, jede immer nur einen Raum, und kamen dann zusammen, um zu lesen oder einfach nur zu reden. Manchmal tanzten wir zu unseren alten Platten, von denen die meisten früher verboten waren. Ich hatte meine letzten Marken zusammengesucht. Für ein bisschen Brot und Margarine reichte es noch. Die Johnsallee hatte sich noch nicht ganz von den Angriffen 43 erholt, sah aber schon wieder annehmbar aus. Mit meinem mageren Einkauf kam ich zu

Hause an.

Als ich die Treppe heraufkam, stand er in der Tür, die aufgeschlossen war. Ich glaubte zuerst, dass das, was ich da sah, so etwas wie eine Fata Morgana sei. Das konnte doch überhaupt nicht sein, mein Mann ist 1946 in amerikanischer Gefangenschaft gestorben. Jetzt steht er vor mir, und er siehtweder tot noch nach einem Gefangenen aus. Dann höre ich tatsächlich seinevertraute Stimme: „Ich habe nur aufgeschlossen, war noch nicht drin. Lässt du mich rein? Keine Angst, geliebte Eri, ich bin es wirklich und weder Geist noch Wiedergänger." Geliebte Eri, wie lange hatte ich das nicht mehr gehört. Er lächelte sein Lächeln. Kein Zweifel, das ist Bruno Johansson, mein Mann. Ich konnte immer noch nichts sagen, mich nicht einmal bewegen. Er umfasste mich und trug mich förmlich in den Flur. Es war fast wie damals, als ich zum ersten Mal in diese Wohnung kam, damals nur ohne Einkaufstasche.Dann nahm er mein Gesicht in seine Hände und küsste mich. Dieser Kuss löste meine Schockstarre. „Bruno, das gibt's doch gar nicht. Sie haben mir geschrieben, du seist tot. Was ist passiert, was haben sie mit dir gemacht? Ichbin völlig durcheinander." „Ich Idiot, ich hätte dich vorbereiten müssen. Kommdoch erst mal in meine Arme, ich erkläre dir dann alles." Und so lag ich in seinen Armen, nachdem er seinen großen Rucksack abgenommen hatte.

Bruno lebte also und sah kerngesund und besser aus als jeder andere Mann, den ich in Hamburg seit Jahren gesehen hatte.

Sein Anzug saß perfekt, sein Wintermantel hatte eindeutig Vorkriegsqualität. Die Frage, ob Traum oder Realität, die erübrigte sich, denn jetzt war ich in denArmen dieses für tot geglaubten Mannes. Meines Mannes. Ich müsste doch eigentlich vor Freude und Glück förmlich überquellen. Stattdessen war ich verwirrt und immer noch wie erstarrt. „Und wie ich dich verstehen kann, liebste Eri. Weißt du was, jetzt packen wir erst mal meinen Rucksack aus, und dann kommen wir langsam im Hier und Jetzt an." Die Sachen, die er auspackte, passten allerdings überhaupt nicht ins Hier und Jetzt.

Bohnenkaffee, Schokolade vom Feinsten, Speck, Würste, Konserven und echte Nylons. Echte Nylons! Ich war sicher die einzige Frau in ganz Hamburg, die Nylons geschenkt bekam. Ja, diese Sachen holten mich tatsächlich aus meiner Starre. Ich kochte und sollte erzählen, wie es mir und meinen Eltern ginge, was ich in der Zwischenzeit erlebte, und das Wichtigste natürlich, ob ich einen neuen Mann gefunden hätte. Als ob in dieser Zeit Männer zur Auswahl standen. Und so erzählte ich von mir und über das komplizierter werdende Verhältnis zu meinen Eltern, und dabei aßen wir das beste Essen, was ich seit langer Zeit gegessen hatte. Gefühlt vielleicht das beste Essen meines Lebens überhaupt.

„Und jetzt du!", sagte ich, nachdem ich lange geredet hatte. „Ich verspreche dir, ich erzähle dir alles. Lass mich aber erst noch das ansehen, was von unserer Stadt noch übrig geblieben ist. Ich muss leider übermorgen Abend wieder zurück. Bitte glaube mir, Eri, bis dahin weißt du alles und kannst frei entscheiden, ob du ein Leben an meinerSeite führen willst. Wir müssen uns wohl eingestehen, dass wir von einem bisherigen gemeinsamen Leben nicht so recht sprechen können".

Ich sagte Susanne wegen unseres gemeinsamen warmen Abends ab, ohne Grund. „Wir treffen uns morgen, dann erzähle ich dir alles." Mehr brauchte ichihr nicht zu sagen, sie fragte auch nicht nach. Wir hätten uns heute ohnehin bei ihr getroffen, sie musste also nicht frieren.

Und so gingen wir an diesem Abend durch eine kaputte Stadt. Nicht ganz fünfJahre waren seit dem furchtbaren Bombardement vergangen. Natürlich waren die Anzeichen des

Wiederaufbaus zu erkennen. Aber es gab noch jede Menge Ruinen, zerstörte Häuser, Schutthaufen. „Ich gehöre übrigens zu den Trümmerfrauen", verriet ich Bruno. „Wir suchen alle noch brauchbaren Steineaus den Trümmern heraus. Die werden dringend für den Wiederaufbau gebraucht. Der Schutt, der übrig bleibt, der wird dann auf die Lastwagen verladen, meistens per Schaufel. Das machen aber meistens die Männer", ergänzte ich. Bruno hielt an und sagte: „Mein Gott, Eri, ist das denn nicht eine viel zu schwere Arbeit für euch Frauen?" „Ach, weißt du", entgegnete ich, „wirhaben uns daran gewöhnt. Es muss ja wieder aufwärts gehen. Übrigens, wo sollen die Männer denn herkommen, die wir brauchen würden? Viele sind noch in Gefangenschaft, viele sind so schwer verwundet worden, dass sie überhaupt keine körperlichen Arbeiten mehr machen können, und viele sind im Krieg geblieben. Aber das müsstest du doch eigentlich besser wissen als ich." „Ja, da hast du wohl Recht", entgegnete er. „Ich war wohl zu lange isoliert vom jetzigen Deutschland, aber dazu erzähle ich dir alles später." „Du machst es aber wirklich spannend", hakte ich nach. „Du wirst es verstehen, wenn ich es dir erkläre", und damit setzten wir unseren Weg fort. Es war starker Frost, trotzdem gingen wir bis zur Langen Reihe. Es begegneten uns kaum Menschen, aber von denen, die uns begegneten, war nicht einer so gut genährt und gut gekleidet wie ausgerechnet mein Mann. Sollte ich darauf stolz sein, oder verfiel ich nur wieder in meine maßlose Naivität? Und dieser Gang brachte mich wieder, so merkwürdig das klingen mag, näher an Bruno heran.

Natürlich wollte ich wissen, wie es Bruno ergangen ist, was er erlebt hatte, warum dieses Theater mit seinem Tod, warum all die Heimlichkeiten. Aber an diesem ersten Abend war mir das plötzlich alles egal. Nachdem sich meine Schockstarre gelöst hatte, wir das wundervolle Essen gegessen und dann durch das verwundete Hamburg gegangen waren, wollte ich nur noch seine körperliche Nähe. Ich wollte nicht denken, keine Logik, nur fühlen und loslassen. Und wir verbrachten eine traumhaft schöne Nacht. Ich hatte keine Ahnung, wie sehr ich die körperliche Nähe vermisst hatte, den Geruch meines Mannes, das Liebkosen und das Hingeben. Ja, ich dachte nichts, fühlte nur und war tatsächlich glücklich. Bohnenkaffee zum Frühstück, wie lange hatte ich dieses Erlebnis nicht. Ichlegte eine Schallplatte von den Comedian Harmonists auf, und gleich kam der Titel, den ich hören wollte: – Irgendwo auf der Welt gibt's ein kleines Stückchen Glück -. „Was hörst denn du für Musik? Die waren doch bei uns verboten." Bruno sah ganz irritiert aus. „Das ist aber längst vorbei", erwiderte ich, „und auch wenn du es nicht hören magst, Susanne und ich haben die schon seit Jahren gehört." „Na, da scheint die Susanne ja nicht den allerbesten Einfluss auf dich genommen zu haben", meinte er. Wir schlossen das Thema damit ab, die Platte ließ ich laufen.

Und nach dem Frühstück wollte ich es dann wissen, und er erzählte. Er könne mir zu diesem jetzigen Zeitpunkt leider nur bruchstückhaft über das berichten, was ihm in den letzten Jahren widerfahren sei. Vieles unterliege der Geheimhaltung, und so richtig über alles zu reden, das ginge nur, wenn wir uns über eine gemeinsame Zukunft einig geworden seien. „Mein Chef hat mir die Erlaubnis erteilt, mit dir darüber zu reden und dich zu bitten, mit mir in den Süden Deutschlands zu ziehen. Ja, ich war in amerikanischer Gefangenschaft, und die Zeit dort muss keiner ein zweites Mal erleben. Aber mein Chef, mein bester Freund und zwei weitere Kameraden aus dem Krieg konnten die Amis von unseren Fähigkeiten überzeugen, und sie hatten und haben Arbeit für uns. Diese Arbeit unterliegt strenger Geheimhaltung, und alldas darf ich dir ohnehin nur erzählen, weil ich weiß, dass genau du meine Frau bist. Ich brauchte dafür nicht die letzte Nacht, aber sie hat mir nur bewiesen, dass wir zusammengehören." Ich musste das erstmal für mich sortieren. „Das kommt alles sehr überraschend, Bruno. Was meinst du damit, in den Süden ziehen?" „Das Dorf heißt Pullach und liegt in Bayern. Gar nicht so weit von München entfernt. Wir alle leben dort in einer Siedlung, müssen uns vorerst ein wenig von der Bevölkerung fernhalten, bekommen aber dafür all die feinen Sachen,die ich aus dem Rucksack gezaubert habe. Wir würden einfach noch einmal heiraten, und du würdest dann meinen Namen tragen!" „Aber den trage ich doch schon längst", entgegnete ich und verstand immer weniger. „Wart einfach ab, du wirst dann alles verstehen." „Bruno, sei mir nicht bös, aber das alles hört sich doch mindestens mysteriös an." „Ja, das tut es, und du wirst viele Fragen haben und

Zweifel und Bedenken. Natürlich musst du dich nicht bis morgen Abend entscheiden, obwohl es wunderbar wäre, wenn du es könntest. Aber um eineTatsache kommen wir einfach nicht herum, bevor du dich nicht für uns entschieden hast, darf ich dir nicht mehr erzählen." Ich schluckte und wusste nicht, ob ich vielleicht alles doch nur träumte. Das hörte sich alles ziemlich verrückt an. Aber nun war ich in dieser verrückten Geschichte drin, also musste ich versuchen zu verstehen, was da gerade mit mir passierte. „Sag Bruno, verstehe ich dich richtig, wenn ich meine, dass alles so geheim ist, dass ich die Entscheidung mit dir zugehen, auch mit niemandem besprechen dürfte?" „Weder mit deinen Eltern, noch mit Susanne oder anderen Freunden. Ja, da verstehst du mich richtig." „Ich weiß so verdammt wenig von dir. Die Nacht mit dir war traumhaft, ich fühle mich zu dirhingezogen, und das Fremdeln ließ schon nach, als du mich geküsst hast.

Aber ich weiß ja nicht mal, was du im Krieg gemacht hast. Du warst ein hoher SS-Offizier, aber damit hört mein Wissen schon auf. Kannst du mir wenigstens darüber was sagen?" „Ach liebste Eri, der Krieg ist vorbei. Es gab wie in jedem Krieg Aufgaben, die kriegsbedingt gemacht werden mussten.

Aufgaben, die man im Frieden anders bewertet, als man es im Krieg macht. Das ist nichts Deutsches, das gilt für alle Nationen. Das wissen natürlich auchdie Amerikaner. Je mehr ich dir erzähle, je mehr du weißt, desto notwendiger wäre es, dass du in Zukunft mit und bei mir lebst. Je weniger du weißt, desto leichter kannst du sagen, unser Treffen hat es nie gegeben." „Hattest du mit KZs zu tun?" „Die Umsetzung der Beschlüsse der Wannseekonferenz warennicht Aufgaben für uns, die wir Krieg zu führen hatten. Eri, ich war SS-Offizier, wir haben ein Glaubensbekenntnis abgelegt, und nach diesem

Glaubensbekenntnis haben wir gehandelt. Der Krieg ist verloren, und keiner von uns in Pullach wird einen Kampf gegen Windmühlen führen. Wir werden ein neues Deutschland aufbauen und werden die Bedingungen der Besatzungsmächte akzeptieren. Wir müssen uns dabei nicht untreu werden, und wir werden uns nicht scheuen, dazuzulernen. Was du von mir wissen musst, ist, dass ich dich liebe, dich in all den Jahren ganz tief in meinem Herzen behalten habe, und dass ich deshalb mit dir zusammenleben will.

Mein Chef kennt mich, und er hätte mir nie die Erlaubnis erteilt, zu dir zu kommen und dich zu mir zu holen, wenn er nicht gewusst hätte, wie unendlich wichtig du mir bist, und dass du absolut vertrauenswürdig bist."

„Wie soll dein Chef wissen, dass ich vertrauenswürdig bin?" „Mein Chef weiß sehr viel. Er wusste beispielsweise auch, dass du allein lebst und keinen neuen Mann hast." „Willst du damit sagen, dass ich beobachtet wurde?"

Dasalles wurde mir jetzt langsam aber sicher zu viel. Ich musste mich kneifen, war ich wirklich wach? Ich trank den Bohnenkaffee, keine Frage, es war Bohnenkaffee, ich war also wach, das hier passierte wirklich. Bruno merkte, dass er gerade dabei war, seine Chancen mich zu gewinnen, durch seine emotionalen Kommentare zu verspielen und versuchte zu beschwichtigen. „Ach Eri, was heißt beobachtet wurde! Bei so einer heiklen Sache geht man immer auf Nummer sicher. Das wirst du aber sofort verstehen, wenn ich dich einweihen kann. Es ist wirklich vertrackt, aber damit du ohne Probleme nein sagen kannst, darf ich dich eben nicht einweihen." Pause. Ich musste mich für einen Augenblick sammeln, musste kurz zusammenfassen, was mir da gerade angeboten wurde, und dann schoss es nur so aus mir heraus: „Ich bin total überfordert. Lass mich zusammenfassen: Wir wohnen in einer Siedlung in dem Pulldingsbums bei den

Bayern. Du heiratest mich als deine Witwe, wir halten uns vom Leben und von der restlichen Bevölkerung fern, dafür haben wir eben nur Kontakt zu deinen Kameradenfamilien. Ich darf meine Eltern, Susanne und Freunde nicht über das alles informieren – du wirst bestimmt entsprechende Argumente für mein Verschwinden ihnen gegenüber haben. Ich wurde von euch schon mal vorab unter die Lupe genommen, Einzelheiten von dir erfahre ich erst, wenn ich bei dir lebe. Natürlich ist ein Rücktritt, wenn ich erst mal da bin, ausgeschlossen. Dafür weiß ich, dass du mich liebst. Habe ich es einigermaßen erfasst?" „Ich muss zugeben, du überraschst mich. Ja, du hast es umfangreicher erfasst, als ich es dir zugetraut hätte. Ich habe dich deutlich weniger kritisch in der Vergangenheit erlebt. Ich muss zugeben, deine Zusammenfassung hört sich nicht sehr einladend an. Aber denk dran, es würde für dich gesorgt werden, wir würden Kinder bekommen, eine richtige Familie gründen, eine lohnende Zukunft!" „Mag sein, dass das so kommen könnte. Aber um das zumindest ansatzweise beurteilen zu können, muss ich einfach mehr wissen. Aber, wenn ich das richtig verstanden habe, je mehr ich weiß, desto weniger darf ich ablehnen. Und auch wenn du das nicht in Erinnerung haben solltest, denken konnte ich schon immer, und wie du sehen kannst, bislang kam ich auch allein ganz ordentlich zurecht." „Nun, ich dachte, dass auch du für mich so viel empfindest, wie ich für dich. Dass aus dir so was wie ein Mannweib geworden ist, mag deinem Alleinleben geschuldet sein, aber für eine deutsche Frau ist eine gesunde Familie wichtiger als Informationen über Krieg und Arbeit." Jetzt war es dann doch genug. Jetzt musste ich unmissverständlich Klartext reden: „Du warst lange weg. Deine deutschen Frauen mögen noch über jedes Stöckchen springen, das ihnen der deutscheMann hinhält. Frauen, die gelernt haben, allein durchzukommen, gehören nicht dazu. Ich weiß, du kennst mich als kleines Naivchen. Ich habe inzwischen gelernt, dass ich meinen Verstand besser nutzen kann, als nur das zu wollen, was andere mir zutrauen. Ich kann und will und werde meinen Verstand nicht weiter durch andere begrenzen lassen. Ich kann und will und werde mich weiterentwickeln." „Gut, Eri, ich glaube, wir brauchen die Zeit bis morgen Abend nicht mehr. Du bist in der Tat nicht mehr die Eri, die ich glaubte zu kennen. Mit diesen Vorstellungen wärst du ohne Zweifel bei uns fehl am Platz. Es ist gut, dass wir nicht über Einzelheiten gesprochen haben, gut, dass du nicht einmal den bayerischen Ort behalten hast, obwohl der auch nichts zur Sache tut. Ich bitte dich für dich und mich, einfach zu vergessen, dass ich bei dir war. Die ganze Geschichte ist ohnehin so abstrus, dass sie kaum einer glauben wird." „Ich weiß, du willst mir nicht drohen, obwohl es sich so anhört. Nein, ich glaube dir deine Liebe zu mir,

ich bin dir auch tatsächlich dankbar, dass du dein Vorhaben, mich noch einmal zu heiraten, umsetzen wolltest. Ja, ich bin dir auch dankbar dafür, dass du so vorsichtig warst, und dass du mir nichts Geheimes erzählt hast. Dein Kommen, die Nacht, dein Vorschlag, es ist wie ein Traum, und wie einen Traum werde ichdieses Treffen behalten. Und Träume behalte ich grundsätzlich für mich. Ichhoffe, du bekommst heute noch einen Zug in den Süden."
Sechs Wochen später wusste ich bereits, dass dieser Besuch kein Traum war. Unsere eine Nacht blieb nicht ohne Folgen. Ich weihte Susanne ein. Ihre erste Frage war: „Willst du das Kind behalten? Ich kenne da jemanden, der ist vertrauenswürdig, absolut seriös."
Meine Antwort war eindeutig: „Das bekomme ich mit meinem Gewissen nicht hin. Ich weiß, ich würde bis zu meinem Tod mit fürchterlichen Schuldgefühlen leben." „Ein uneheliches Kind?Wird sehr schwer für dich und für das Kind! Erika, die meisten Deutschen

sind noch Nazis, und ein uneheliches Kind ist für die eine Schande."
Susannes Einwände waren berechtigt.
„Aber deshalb bringe ich doch mein Kind nicht um", ich war den Tränen nah. „Also komm, das Kind ist noch nichts, was ein Kind ausmacht. Aber ich versteh dich ja. Und wenn du Bruno doch heiratest?" „Susanne, ich hab doch keine Ahnung, wo ich Bruno überhaupt erreichen könnte. Klar, wenn ich wollte, würde ich das natürlich irgendwie rauskriegen. Mein Kind habe ich von meinem Mann, im Grunde natürlich von meinem toten Mann, der mir aber im Traum erschien, um unser Kind zu zeugen. Komme mir fast ein bisschen wie Maria mit ihrer unbefleckten Geburt vor. Obwohl, unbefleckt bin ich ja nun gerade nicht, nur im Traum geschwängert." „Aber klar. Man, sind wir blöde, Erika, du hast Recht. Dieser Wurm in dir ist ja ehelich. Das Blöde daran ist nur, dass dir das keiner glauben wird. Was hältst du denn davon: Wir lassen deinen Bruno für das

Standesamt wieder auferstehen. Du hast doch noch deine Heiratsurkunde. Du lässt das Würmchen einfach als euer Kind eintragen, und dann lassen wir Bruno wieder sterben, und danach versenken wir ihn in die Ostsee. Deine Eltern weihen wir ein, mehr brauchen davon nichts zu wissen. Die Menschen haben ohnehin gerade andere Sorgen." Das hörte sich jetzt eher nach Hauptmann von Köpenick an und so ganz wollte ich der Sache noch nicht trauen. „Und was passiert, wenn die beim Standesamt merken, dass ich Witwe bin?", wandte ich ein. „Erika, ich hab keine Ahnung, was dann passiert. Schlimm kann es aber nicht werden. Du wirst ja schließlich nicht gleichzeitig eine Waisenrente beantragen. Im Übrigen, es herrscht doch immer noch ein heilloses Durcheinander bei den Standesämtern, die mit der großen Flüchtlingsflut zurechtkommen müssen." Na gut, dem Hauptmann hat man ja auch seine Komödie geglaubt und Susanne hatte recht, selbst wenn es schiefging, was hatte ich zu verlieren! Ich weihte meine Eltern ein, die fanden den Vorschlag richtig. „Du west, dat wi di to Seite stohn, min Deern", sagte mein Vater. „Mudder und ik passen ob dat Gör ob, wenn du din Geld verdienen mudst."

Ich habe dann den Plan eins zu eins so umgesetzt, immer mit der Angst, dass das alles auffliegt. Aber es hat geklappt. Durcheinander in der Nachkriegszeit, es kann auch sein Gutes haben. Die wenigen, die sich hätten wundern können, dass mein Mann zweimal gestorben ist, die hatten genug andere Sorgen, um darüber groß nachdenken zu wollen! Susanne behielt Recht."

Nach Modders Geständnis

Köln, September 1984

Inzwischen war Wiebke gekommen und hatte den größten Teil von Modders Bericht mitbekommen. Sie setzte sich zu ihr aufs Sofa, nahm sie in den Arm und sagte: „Ich wusste immer schon, dass du eine kluge und mutige Frau bist. Ich bin ganz und gar bei dir, du hast genau das Richtige getan!" „Nur mutig genug, ihrem Sohn die Wahrheit zu sagen, das war sie nicht", sagte ich. „Mein Vater wurde mir von dir verheimlicht, er war für mich nicht existent, obwohl er lebte. Und auch ich war für ihn nicht existent, obwohl ich lebte! Bist du nicht einmal auf die Idee gekommen, dass wir beide zumindest ein Anrecht darauf hätten, voneinander zu wissen, und dass wir selber entscheiden müssten, wie wir damit umgehen?" Und wieder rannen Modder die Tränen. „Natürlich hast du ein Anrecht darauf", sagte sie, „ja, ich hätte es dir wahrscheinlich nie gesagt, und wenn dieser Mensch nicht aufgetaucht wäre, wäre doch alles gut gegangen." „Gut gegangen?" Ich wurde lauter „Das heißt, du entscheidest für mich, dass ich mit einer faustdicken Lüge durchs Leben zu gehen habe. Du unterschlägst mir den Vater und findest es nur furchtbar, dass dieses Lügengebäude jetzt einstürzt?" „Ich wusste doch nicht,

wo und wie ich ihn finden sollte und ja, du hast ja Recht, ich wollte ihn auch nicht finden. Ich wollte diesen Vater nicht lebend für dich. Als du Kind warst, durfte ich das. Als du erwachsen genug warst, habe ich mich nicht mehr getraut, es dir zu sagen. Genau vor diesen Vorwürfen, die du mir jetzt machst, hatte ich ohne Übertreibung Todesangst. Die Angst, dich zu verlieren, das Einzige, was mir geblieben ist." Mir war klar, ich konnte jetzt nicht einfach so tun, als ob nichts geschehen wäre. Zum einen tat sie mir leid, zum anderen fühlte ich mich betrogen. „Mutter", sagte ich. „Mutter???" „Ja, Mutter! Modder ist erstmal Vergangenheit. Du wirst mich nicht verlieren. Die Vorwürfe werde ich dir nicht ersparen und auch nicht meine Enttäuschung darüber, dass du deinen Sohn so wenig zu kennen scheinst. Und jetzt möchte ich ins Bett. Gute Nacht!" Wiebke hatte keinen Ton von sich gegeben.
Sie blieb bei Mutter sitzen und hielt sie

weiter in ihren Armen, während die Tränen bei Mutter nicht aufhören wollten zu laufen.

Wenn eine, eine Reise tut …

Köln, Oktober bis Dezember 1984

Zum Glück war der nächste Tag ein Samstag, und zum Glück musste ich nicht in die Praxis. Als Wiebke gestern Nacht zu mir ins Bett kam, stellte ich mich schlafend. Ich wollte nicht hören, was sie alles zu Mutters Verteidigung mir erzählen würde. Auch heute Morgen war ich als Erster auf, brauchte mit niemandem reden. Ich schwang mich auf mein Fahrrad und fuhr in die Felder. Heute kein Regen. Im Gegenteil, die Oktobersonne meinte, mir Trost spenden zu müssen. Die Blätter an den Bäumen hatten sich erst jetzt in ihre unvergleichliche Farbenpracht gefärbt. Trotz meiner finsteren Gedanken konnte ich das wahrnehmen. Gut, dass ich hier in den Feldern allein war. Ich stellte mein Rad ab, zu Fuß konnte ich mich besser auf mich und mein Dilemma konzentrieren. Wirklich wütend war ich am meisten auf mich selber. Zum einen war ich richtig wütend auf Mutter. Sie hat mich nicht ernst genommen, mich belogen, mir den Vater vorenthalten, verhindert, dass mein Leben mit einem Vater für mich ganz anders verlaufen wäre. Aber bevor ich mich in diesen Vorwürfen so richtig suhlen konnte, kam sofort der Beschwichtiger. Was hätte Mutter denn anderes tun sollen? Wie hätte meine Erziehung, mein ganzes Leben, mit einem überzeugten Nazi als Erzieher und Vater ausgesehen? War Mutter nicht tatsächlich sehr mutig, als sie sich entschloss, mich allein großzuziehen? Und dann kam wieder der Wüterich, und danach dann wieder der Beschwichtiger. Wie verhalte ich mich denn jetzt ihr gegenüber? Kalte Schulter, oder ist schon gut? Als ich wieder beim Fahrrad war, wusste ich, weder das eine noch das andere. Verhalte dich ihr gegenüber neutral,

Weihnachtsmarkt der Bundesrepublik besuchen. Astrid, die einem nie so richtig einen Wunsch abschlagen konnte, war einfachein Geschenk. Ich hatte nämlich wirklich das Gefühl, einfach nicht mehr zu können. Zu viele Gedanken schossen mir durch den Kopf, zu groß war der Kloß in meinem Bauch. Zum Glück war ich mit dem Bus und nicht mit dem Rad gekommen. Als ich auf die Straße kam, fing ein eisiger Schneeregen an.Aber der Bus hatte dann auch so seine Probleme. Die Kölner sind Schnee nicht gewöhnt, und deshalb entwickelte sich aus dem ohnehin schon stressigen Verkehr ein reines Verkehrschaos. Ich kam trotzdem zu Hause an.Obwohl es schon dunkel wurde, nahm ich mein Fahrrad, die Felder riefen mich wieder. Mutter nahm die Kinder. Obwohl gut eingepackt, aus dem Schneeregen wurde Schnee, war das Fahren fast unmöglich. Schon nach 15 Minuten kehrte ich um. Die Felder würden mir ohnehin nicht helfen, ich brauchte jetzt jemanden, mit dem ich möchtest. Bitte, bitte, lass meine Dämlichkeit mich spüren, aber nicht unsere Kinder und Modder. Nächste Woche ist Weihnachten, du weißt, was das unseren Kindern bedeutet. Lass dir, was immer du für Konsequenzen aus meinem Ausrutscher ziehen willst, bitte Zeit bis ins nächste Jahr. Ich kann natürlich nachvollziehen, wie schlimm das jetzt für dich ist, es wird aber noch schlimmer, wenn du jetzt etwas tust, was wir alle später bereuen würden. Und ich bereue zutiefst. Diesmal ist mir der Friede wichtiger." „Wie du ja mitbekommen hast, liegt das Theaterspielen bei uns in der Familie, habe es praktisch in den Genen."

Vier Tage vor Weihnachten, Gespräch mit Jens

Am nächsten Tag drückte ich Astrid Feste meine letzten drei Patienten aufs Auge. Jens war mit Lisa für ein paar Tage nach Nürnberg gefahren. Sie wollten den berühmtesten

Hausmannskost in diesem Zusammenhang ist für mich das schönste Kompliment. Tommy, du bist mein Fels in der Brandung, und ich weiß, wie ich sein kann. Ich brauche dich viel mehr, als du ahnst und viel mehr, als ich dir das je gesagt habe. Du bist so viel mehr für mich, als alle Hiller dieser Welt es sein könnten. Das alles ist jetzt die Wahrheit, auch wenn du glaubst, dass ich jetzt eben mal wieder in meine Manipulationskiste gegriffen habe. Es ist genauso, wie ich es eben sagte, und nun bist du dran." Es fiel mir schwer, diese sehr schönen Worte zum Schluss wirklich zu glauben. Ich fühlte mich verletzt, spürte vielleicht zum ersten Mal tiefe Eifersucht, wusste schon wieder nicht, wie ich mit dem allen umgehen sollte. Ich sagte dann nur:

„Ich fühle mich gerade total überfordert. Ich kann dir jetzt nichts sagen, ich brauche Zeit." „Tommy, ich verstehe, dass du wütend und enttäuscht bist und mich am liebsten zum Teufel jagen wir nicht. Zur Wahrheit gehört auch das Nachher. Als obwir mit einem Schlag nüchtern wurden! Die Erregung war verschwunden und wurde bei uns beiden durch Entsetzen ersetzt. Wir tranken noch ein Glas Champagner, sahen uns an und wussten beide, das war jetzt genau das, wasso nie hätte passieren dürfen. Wir schätzen uns so sehr gegenseitig, mögen uns wirklich, aber Sex hat in unserer Beziehung nichts zu suchen. Im Gegenteil, er macht unsere Beziehung kaputt. Wir beide haben Familien, die ein reiner Glücksfall sind, und wir sind glücklich bei ihnen. Uns beiden war klar, das war ein One-Night-Stand. Er wird sich nicht wiederholen und wir beide werden ihn als Ausrutscher ad acta legen. Und ich weiß, du wirst es jetzt nicht hören wollen, und du wirst es mir auch nicht glauben. Trotzdem ist es wahr: Du warst nie, nicht einen einzigen Moment für mich langweilig oder gar trottelig. Der Sex mit dir bedeutet mir mehr, als ich dir sagen kann, und das Wort gut drauf und Hiller auch. Hiller, mein großes Vorbild. Mächtig, klug, sieht ganz gut aus und hat seine Bodenhaftungnie verloren. Du willst doch die Wahrheit! Ja, ich wollte ihn. Und er wollte mich. Wir sind dann auf einen letzten Drink in seine Suite und dann in die Kiste. Willst du weitere Einzelheiten?" „Ich weiß, wie gut du im Bett sein kannst, und über die überaus großen Vorzüge deines Gottes Hiller hast du bereits berichtet. Von seinen noch größeren Vorzügen im Bett möchte ich tatsächlich nichts, aber auch gar nichts wissen. Klar, der langweilige, etwas trottelige Tom, der seit Jahren nichts anderes zu bieten hat als sexuelle Hausmannskost, der ist natürlich neben so einem Gott gar nicht zu sehen. Dakann ich ja wirklich nur sagen, Entschuldigung, dass ich geboren wurde, soll nicht wieder vorkommen." „Willst du gleich das Urteil sprechen oder die Wahrheit bis zum Schluss hören?" „Ich war der Meinung, wir sind schon am Schluss!" „Nein, sind bist, sind gleich die Kinder da, und dann ist gar nichts mehr mit erzählen." Ich machte meine Nachttischlampe an, Wiebke war blass, sie kämpfte mit sich, das war deutlich zu sehen. Dann fing sie stockend an: „Also gut, die Wahrheit.

Es war am letzten Abend. Die Verhandlungen liefen toll. Hiller und ich konnten den Amis mehr rauskitzeln, als sie vorgehabt hatten, es schon in diesem frühen Stadium preiszugeben. Armleuchter Eichner war mit seinen Vertriebspartnern zusammen, er sollte erst am nächsten Morgen wieder zu uns stoßen. Die Amis zeigten uns nach dem Meeting noch ein wenig von Chicago, gingen dann mit uns essen und brachten uns zurück zum Hotel. Hiller meinte, wir sollten unseren Erfolg noch mit einem Absacker an der Bar beschließen. Ich war so gut drauf, ja einfach stolz darauf, dass ich als Frau an diesem dicken Deal einen so hohen Anteil hatte. Ich war beschwipst, nein, nicht betrunken. War einfach saumäßig

stimmt!" „Nein, natürlich nicht. Es ist bloß überhaupt nicht der Rede wert und hat mit dir gar nichts zu tun."
„Und das wäre jetzt bitteschön was?"
„Halt ein ganz kleines Techtelmechtel mit Hiller." „Oh ja, das hat dann ja in der Tat gar nichts mit mir zu tun. Wiebke, mir wurde von der einen Frau meines Lebens mein ganzes bisheriges Leben lang ein absurdes Theaterstück vorgeführt. Ich habe das Theaterspielen satt bis oben hin. Hör jetzt auf, mir eine Story zu erzählen. Ich will die Wahrheit und zwar komplett!" „Kann ich jetzt was dafür, dass Modder dir ein Theaterstück über deinen Vater erzählt hat?"
„Blödsinn, ich hab nur die Nasevoll von Geschichten, die mich sehr wohl sehr viel angehen und mir jemand weiß machen will, dass das doch alles gar nichts mit mir zu tun hat. Und ja, genau die Geschichte meines Erzeugers hat mich noch viel mehr sensibilisiert, als ich es schon vorher war. Und nun will ich die Wahrheit und zwar ohne Schnörkel!" „Wenn du weiter so laut

meiner Rückkehr übereinander hergefallen sind, und ich ein paar Tage einfach zu kaputt war, um mit dir zu schlafen, ist doch nichts Wichtiges passiert." „Quatsch mit Soße. Es geht doch nicht darum, dass wir erst heute miteinander schlafen, sondern darum, dass es sich so fremd angefühlt hat. So fremd wie noch nie zuvor. Und das mach ich mir nicht vor, das spüre ich." „Meinst du nicht, dass dein Körper, den ich ja durchaus zu schätzen und lieben weiß, dir da eine Räuberpistole erzählt, und dass wir nicht lieber unseren gesunden Schlaf suchen sollten?" „Nein, meine Süße, das ist keine Räuberpistole. Irgendwas ist im Amiland passiert. Ich bin da ganz sicher und du, die du die Wahrheit doch mehr liebst als den Frieden, du verschweigst mir etwas Wichtiges. Stimmt's?" „Scheiße, Scheiße, Scheiße, Scheiße!!! Du und dein scheiß empfindlicher Körper. Ich hab nicht gemerkt, dass da was nicht stimmt." „Ach, jetzt ist mein Körper schuld, dass da was nicht

Tagen auch. Am Abend darauf schliefen wir dann zusammen. Schon nach ganz kurzer Zeit gab es keinen Zweifel, mein Körper signalisierte, da stimmt was nicht. Und zwar ganz und gar nicht. Zuerst überlegte ich noch, ob ich jetzt gleich nach dem Verkehr mein äußerst sonderbares Gefühl ansprechen sollte. Aber bevor ich diese Überlegung abgeschlossen hatte, floss es förmlich aus mir heraus. „Was ist los, Süße?", fragte ich. „Was soll denn los sein. Ich bin immer noch ein bisschen geschafft von der Zeitumstellung." „Ich weiß nicht, wie viel tausend Mal wir zusammen geschlafen haben. Ist auch egal, aber unsere Körper kennen sich gegenseitig besser, als unser Verstand sich das ausmalen kann. Und da ich schon vor langer Zeit gelernt habe, auf meinen Körper zu hören, und ich wichtige Sachen von unwichtigen unterscheiden kann, weiß ich, dass irgendwas Wichtiges mit uns nicht stimmt." „Sag mal, spinnst du jetzt komplett! Nur weil wir nicht gleich bei

Boy wäre vielleicht möglich!"
Und so entschwebte meine Wiebke über den großen Teich.
Es hört sich vielleicht lieblos an, aber vermisst haben wir Wiebke im Grunde nicht. Es war einfach kein großer Unterschied zu sonst. Sie war halt nicht anwesend. Trotzdem war die Freude von uns allen groß, als sie am 16. Dezember wieder nach Haus kam. Sie kam schongegen 17 Uhr heim, kein Besuch mehr vorher im Büro.
Mutter hatte extra für sie eines von Wiebkes Lieblingsessen gekocht. Es gab Kassler auf Sauerkraut mit Kartoffelknödeln. Hinterher, rote Grütze mit Vanillesoße. Wiebke schwärmte von der gelungenen Reise, schenkte unseren Kindern wirklich nur Kleinigkeiten, die tollen Sachen gäbe es zu Weihnachten. Ich bekam Bourbon Whiskey aus Tennessee und Modder, auch aus dem Duty-free, einen Duft. Ein schönes Nachhausekommen.
Im Bett machte sich ihr Jetlag bemerkbar. An den folgenden zwei

garnicht, was ich noch sagen soll", erwiderte sie. „Lass man, wir müssen da jetzt durch. Wenn ich soweit bin, dann sprechen wir drüber. Bis dahin lassen wir das Thema erst mal ruhen." Ich hatte den Eindruck, dass das Mutter ein bisschen beruhigte.
Wiebke ist wieder entspannter. Sie erzählte mir gestern, dass die Alligripp eine Zusammenarbeit mit einem der ganz großen amerikanischen Versicherer plane. Sie müsse deshalb mit Hiller am 10. Dezember für ein paar Tage nach Chicago fliegen. Der einzige Wehmutstropfen wäre, dass ihr Lieblingskollege Berthold Eichner auch mitfliege. Alle reisen in die Welt, nur ich bleib zu Hause. Blieb mir zu bitten: „Bitte für Emma keinen weiteren Monchichi, dafür für Bosse einen Ghettoblaster. Mit dem auf meiner Schulterlaufen dann Bosse, Emma und ich durch unsere Nachbarschaft, und dann sorgen wir endlich mal für Stimmung in diesem snobistischen Dorfleben".
„Das könnte dir so passen, du kleiner Quertreiber. Kommt gar nicht in Frage! Aber gut, ein Game Boy für unseren

weiteres Mal von den Toten aufersteht
– er hatte es ja schon einmal
fertiggebracht. Klein wäre es bestimmt
als taktlos vorgekommen. Im Gegensatz
zu mir hatte er eine Beziehung zu
meinem Erzeuger.
Nun blieb mir also nichts andres übrig,
als mich zu gedulden. Gut, ich hatte
36 Jahre so gut wie nichts von meinem
Vater gewusst, jetzt kam es auf einpaar
Wochen mehr auch nicht an.
Mein Verhältnis zu Mutter blieb, wie ich
es mir vorgenommen hatte, kühl. Ich
nannte sie auch weiterhin nur Mutter,
nicht mehr Modder. Wiebke machte das
schon. Bosse und Emma wissen nichts
von unserem Drama. Sollten sie alt
genug sein, werde ich es ihnen
höchstpersönlich selber erzählen. Wann
sind sie alt genug? Ich werde es mir in
aller Ruhe überlegen.
Als ich nach dem Telefonat mit Klein
nach Hause kam, nahm ich Mutter dann
doch zur Seite. „Ich werde meine Zeit
brauchen, um das alles zu verarbeiten",
sagte ich ihr. „Gut, min Jung. Ich bin
natürlich auch sehr unglücklich, weiß

Telefon sagen müssen, aber Ihr Vater ist vor zwei Jahren verstorben. Woer begraben ist, verrate ich Ihnen bei unserem Treffen. Er hinterlässt übrigens eine Frau und zwei erwachsene Kinder. Aber jetzt muss ich mich wirklich dringend um meine Reisevorbereitungen kümmern. Melden Sie sich doch Anfang Januar bei mir, und dann treffen wir uns kurzfristig."
„Gut, werde ich tun. Ihnen wünsche ich eine gute Reise. Kommen Sie gut wieder."

Nicht schlecht. Mehrere Wochen nach Fernost, er wird es sich leisten können. Die Chance, meinen Vater lebend noch kennenlernen zu können, diewar also vertan. Obwohl ich mir nicht wirklich 100 % sicher bin, ob ich das auch wirklich gewollt hätte. Diese Entscheidung wurde mir also schon mal abgenommen, denn jetzt war es ja nicht mehr möglich. Ich konnte mir gerade noch die Bemerkung verkneifen, ob zu erwarten wäre, dass mein Vater ein keine Vorwürfe, keine nicht unbedingt notwendige Kommunikation mit ihr, auch mit Wiebke das Thema ruhen lassen. Erstmal etwas mehr über meinen Erzeuger in Erfahrung bringen. Mein Bauch signalisierte, überstürze nichts, aber keine Frage, so kannst du es machen.

Ich wartete noch ein paar Wochen, war sicher, das Richtige zu tun, und dannrief ich wieder bei Klein an. Er freute sich, dass ich mich meldete, wollte mir zu gern von meinem Vater berichten, sagte aber dann: „Sie erwischen mich zu einem etwas ungünstigen Zeitpunkt, Herr Johansson. Ich bin in Vorbereitung auf eine etwas längere Reise nach Fernost. Ich bin Anfang desJahres wieder voll verfügbar. Sobald ich wieder zurück bin, würde ich mich sehr gern mit Ihnen treffen." „Könnten Sie mir denn vielleicht verraten, wo ich meinen Vater suchen könnte?" Das wollte ich zumindest schon mal wissen. „Ja, natürlich kann ich das. Mir wäre es zwar lieber, ich würde Ihnen das nichtam reden kann. Jens wäre morgen zurück, der muss herhalten. Solange bitte einfach nicht ausflippen. Mit der Ausrede, mir ginge es einfach nicht gut, verzog ich mich gleich ins Bett. War im Grunde keine Ausrede. Da ich die letzte Nacht so gut wie kein Auge zugemacht hatte, schlief ich ganz schnell ein.

Gleich am Morgen des folgenden Tages rief ich Jens an. Er war sofort einverstanden, sich mit mir zu treffen. Wir verabredeten uns zum Krisentreffen noch am selben Abend in der Praxis. Ich wollte keine Kneipe, keine Zuhörer. Nur wir zwei und ein Sixpack Kölsch.

Als ich dann am Abend wieder in die Praxis kam, war ich viel zu früh dran. Angela war gerade dabei abzuschließen. „Tom", sagte sie erstaunt, „hast du noch einen Patienten? Davon wusste ich gar nichts!" „Nee, Angela, ich treffe mich nachher mit Jens hier. Wir müssen was besprechen." „Ach des …", sie stockte und errötete leicht. Kurz darauf fuhr sie fort: „Ach deshalb hat mich Jens angerufen und gefragt, ob noch genügend Vorrat an Bier im Kühlschrank ist!"

Unsere Angela, nicht nur hübsch und unheimlich sympathisch, sie ist auch noch schlagfertig. „Na dann werden wir ja heute Abend nicht verdursten", entgegnete ich. „Dir einen schönen Abend und bis morgen", und dabei verkniff ich mir, „Trotzdem einen schönen Abend" zu sagen, konnte halt auchgut schalten. „Euch auch viel Spaß", antwortete Angela noch und verschwand.

Ich ging durch unseren langen Flur. An den Wänden hingen überall Originale von jungen Künstlerinnen und Künstlern. Lisa hatte mit der Kunstakademie einen Deal gemacht. Sie hing Bilder der Absolventen auf, gleich mit Preis versehen, und unsere Patienten hatten nicht nur ein beeindruckendes Ambiente, sie konnten die Kunstwerke auch kaufen. Zwei bis drei Bilder fanden in jedem Quartal so einen neuen Besitzer. In unserem

Allzweck-Besprechungsraum hing ein Mark-Rothko-Verschnitt. Ich nannte ihn jedenfallsso. Ähnlich wie Rothko hatte die Künstlerin das 1,50 m mal 1,50 m große Bild schwarz schattiert umrandet und die Mitte rot ausgefüllt. Nur die zwei Farben,keine Figuren. Ich setzte mich vor das Bild, trank meinen Kaffee und meditierte. Das Rot war anregend, aber es war auch beruhigend. Ich verstand zwar nicht, was es mir sagte, ich wusste aber, es sprach zu mir.

Ich bemerkte Jens erst, als er mir seine Hand auf die Schulter legte. „Sorry, ich bin etwas spät, hab mal wieder keinen Parkplatz gefunden", begrüßte er mich. „Oh, gar kein Problem, mein Lieber. Ich bin so froh, dass du dir Zeit für mich nimmst." „Red keinen Unsinn, wir sind Freunde." „Ja, da hast du Recht. Aber ich glaube, du hast einen sehr schönen Termin für mich abgesagt, und das ist nun wirklich nicht selbstverständlich." Jens stutzte. „Was weißt du vonmeiner Verabredung?" „Gar nichts, mein Freund. Reine Intuition." „Hast du mit

Angela gesprochen? Hat sie dir etwa etwas gesagt?" Jens wurde unruhig. „Gesprochen habe ich mit ihr, gesagt hat sie natürlich nichts. Aber sie sah etwas unglücklich aus, deshalb meine Vermutung, und die ist wohl nicht so falsch."
„Na, dann weißt du ja jedenfalls, was du mir wert bist", bestätigte mir Jens, was ich ja ohnehin wusste.
„Wie war es in Nürnberg?", wollte ich zunächst wissen. „Ach hör mir doch auf", antwortete er, „eine gleiche Bude neben der anderen, Menschen über Menschen und überall Lebkuchen, die das Doppelte kosten wie hier bei uns. Nee, da lobe ich mir doch unseren gemütlichen Markt hier in Kölle. Aber nun erzähl du mal, was ist los? Hörte sich ja richtig nach Chaos an am Telefon." Ich erzählte Jens alles, was mir mit meinen beiden Frauen passiert ist. Das wirklich Gute bei ihm ist, dass er nur zuhört. Ab und zu ein kleines „Hmm" oder „Wirklich?", das war es dann aber auch schon. Zum Ende

meiner Leidensgeschichte erzählte ich dann noch, was mich im Grunde am meisten belastete. „Und weißt du, was mich wirklich total verrückt macht, ist, dass ich nicht mal schrecklich wütend auf die beiden bin. Ein normaler Mann würde jetzt mit seiner Mutter erst mal kein Wort mehr reden, darüber nachdenken, ob eine Rückführung nach Hamburg möglich wäre. Meine Höchststrafe ist, dass ich jetzt Mutter statt Modder sage. Und bei Wiebke, ein normaler Mann würde doch jetzt zumindest aus dem Schlafzimmer ausziehen, ihr eine Szenenach der anderen machen, über Trennung nachdenken. Bei mir sagt irgendein Teil, sei froh, jetzt weiß sie endlich, wie sehr sie dich liebt.

Fehlt bloß noch, dass ich mich bei all der Schwärmerei von Wiebke auch noch in diesen Arsch von Hiller verliebe. Bei mir stimmt doch was nicht. Ich bin kein Mann, allenfalls ein windelweiches Weichei. Ok, bevor ich noch dasHeulen anfange, sag mir, was soll ich tun?"

„Bislang warst du immer der, der in psychologischen Fragen sagen konnte, was denn, was auch immer, zu tun sei. Aber klar, wenn es um einen selber geht, dann ist man wohl meistens dazu nicht in der Lage. Verstehe sogar ich. Mein lieber Tom, das Wichtigste, was du hättest tun müssen, du hättest zwei Sixpacks mitbringen sollen. Der Abend wird wohl etwas länger werden."
„Keine Angst, Angela hat mir gesagt, es ist noch Vorrat im Kühlschrank", beruhigte ich ihn. „Gut, dass du mit Angela drüber gesprochen hast! Aber nun zum Ernst der Lage. Als Erstes zunächst mal was Grundsätzliches. Wie machst du das mit deinem Körper? Ich meine, wieso fühlst du was, wo ich nichts fühle?"
„Ganz einfach, weil ich mir angewöhnt habe, darauf zu achten. Ich bin mir sicher, dass jeder Körper mit einem spricht. Natürlich auch deiner mit dir. Was mir geholfen hat, das zu begreifen, ist die Geschichte eines bekannten Psychiaters. Soll ich sie dir erzählen?"

„Ja klar, hört sich an, als ob ich was lernen könnte." „Keine Ahnung, ob du daraus was lernen kannst, aber interessant ist sie in jedem Fall. Also, dieser Psychiater erzählte Folgendes: „Meine Tochter spielt seit einigen Jahren in einem Orchester, leider weit weg von uns. Dann kam das Orchester auf Tournee in unsere Stadt. Wir, also meine Frau und ich, waren natürlich mächtig stolz. Wir freuten uns unheimlich auf das Konzert in unserem Theater. Unsere Tochter war an diesem Abend Soloflötistin. Bestens gestimmt begann der Abend, doch mitten im Konzert überkam mich eine unglaubliche Traurigkeit. Ich hatte nicht die geringste Ahnung, woher oder warum ich plötzlich so traurig wurde. Ich kämpfte tatsächlich mit den Tränen, und ich musste all meine Kräfte aufbringen, um meiner Frau und später, nach dem Konzert, auch meiner Tochter nicht den Abend zu verderben. Im Anschluss an dieses Konzert gingen wir zusammen mit unserer Soloflötistin essen. „Und wie hat euch das Konzert gefallen?", fragte uns unsere Tochter. „Es war nur großartig", antwortete ich, „auch wenn ich kein einziges der von euch gespielten Stücke kannte." „Doch, Papa", entgegnete meine Tochter, „eins kanntest du. Das dritte Stück war doch das Stück, das ich bei Opas Beerdigung gespielt habe!"Mein Vater ist zwei Jahre zuvor gestorben. Ich hatte eine sehr enge Bindung zu ihm, und ich empfinde es immer noch als großen Verlust, ihn nicht mehr zu haben. Ja, mein Unterbewusstsein konnte mit dem dritten Musikstück etwas anfangen, mein Bewusstsein hatte keine Ahnung, musste erst von meiner Tochter aufgeklärt werden."

„Ok", meinte Jens, „also ist Körpergefühl das Gleiche wie Unterbewusstsein?" „Für mich schon. Die Fachleute würden wahrscheinlich den Kopf schütteln, für mich ist das aber so, und ich komme damit wunderbar klar. Danke, dass du mich erst mal abgelenkt hast, aber nun komm zur Sache!" „Na gut. Echte Fründe stonn zosamme. Also der

Psycholaie sagt dir, dass du leider überhaupt nicht mitbekommst, wie verdammt gut es dir geht. Schau nicht so komisch, ich meine es ernst. Das mit dem normalen Mann oder dem windelweichen Weichei nimmst du hoffentlich selber nicht ernst, sonst würde ich wirklich beginnen, an dir zu zweifeln. Typisch Mann, diesen Quatsch überlasse den grünen Blättern. Für einen, der wie du auf seinen Körper hört, ist das einfach unwürdig. Also Schluss mit deinem Selbstmitleid, her mit den Fakten. Du Glückspilz hast demnächst die Chance, über deinen Erzeuger jede Menge Infos zu bekommen. Danach kannst du dann entscheiden, wie gut oder schlecht die Entscheidung deiner Mutter für dich war. Vielleicht dankst du ihr ja auf Knien, dass sie dich vor einer Erziehung von irgendwelchen SS-Gemeinschaften bewahrt hat. Also warte ab und halt in dieser Frage die Füße still. Quetsch den Klein aus und entscheide dann, ob du überhaupt wissen willst, wo das Grab von ihm liegt, oder ob du seine neueFamilie kennenlernen willst. Mensch Tom, du bist 36 Jahre klasse ohne Vater

ausgekommen. Deine Erfahrungen mit deinem Stiefvater waren alles andere als erfreulich. Ich glaube, wenn du alles von Klein erfahren hast, wird dir die Entscheidung leichtfallen. Und jetzt zu Wiebke. Wie lange seid ihr verheiratet?"
„Was hat das jetzt mit ihrem Fremdgehen zu tun?" „Wie lange seid ihr verheiratet?" „Ok, ok, seit über 12 Jahren." „Gut. Wie oft hast du sie betrogen?"
„Wird das jetzt ein Verhör? Ich wollte mit dir über die Gegenwart sprechen, nicht über irgendwelche Fehltritte von mir in der Vergangenheit", gab ich schon etwas genervt zurück. „Pass auf, Tom! Damit du für die Zukunft was davon hast, was wir hier gemeinsam veranstalten, solltest du die Gegenwart mit verwandten Themen der Vergangenheit abgleichen. Verständlich?" Ich überlegte, musste ihm aber widerwillig Recht geben. „Na gut! Einmal habe ich sie betrogen", gab ich zu. „Es war im UKE, eine Krankenschwester. Aberschon nach zwei Monaten war Schluss. Wir haben

zum Glück beide eingesehen, dass so ein Verhältnis sehr anstrengend werden kann und die Ängste und Mühen größer sind als die Freuden. Zufrieden?" „Nicht ganz. Wie oft hast du Wiebke in Gedanken betrogen?" „Weiß ich doch nicht. Klar, wenn ich eine tolle Frau sehe, denke ich schon mal, die würde ich jetzt nichtvon der Bettkante schubsen. Ist doch normal!" „Du und dein normal. So kenn ich dich gar nicht. Muss an den Umständen liegen. Aber gut, was passiert, wenn diese tolle Frau nun nicht nur in deinen Gedanken, sondern in der Realität bei dir auf der Bettkante sitzt? Du Normaler, was passiert dann?"

„Kommt halt auf die Stimmung an. Aber klar, natürlich ist die Wahrscheinlichkeit groß, dass ich sie ins Bett lassen würde." „Glaube ich auch, und ich spreche da durchaus aus eigener Erfahrung! Aber die letzten Jahre haben doch bewiesen, dass du deiner Wiebke sehr treu warst, und daswärst du sicher nicht, wenn du nicht deine Frau nach wie vor lieben und begehren würdest. Hast du Rachegelüste?" Ich überlegte! „Nein, nicht wirklich!" „Und unwirklich?" „Rachegelüste soll man doch gar nicht haben.

Sollte ich welche haben, dann höchstens gegenüber Hiller und nur ein wenig bei Wiebke." Ich merkte, ich war schon wieder schwammig, aber Jens ließ esdurchgehen. „Ach, weißt du, Tom, ich finde Rachegefühle ziemlich menschlich.Also natürlich nicht so was wie Blutrache oder Auge um Auge, das entspricht ja auch nicht unserem Kulturkreis. Aber die linke Wange hinhalten, wenn du eins auf die rechte Wange bekommen hast, das kriegen doch auch nur die wenigsten Christen hin. Ich finde es ganz menschlich, dass man sich wehrenwill, wenn man sich geschädigt fühlt. Aber trotzdem ist natürlich noch viel besser, wenn solche Rachegelüste gar nicht erst da sind, denn sie befrieden ja nicht den Konflikt, sondern meistens verschlimmern sie ihn noch. So, aber nun zurück zu

Wiebke und dir. Du Glückspilz hast ja auch eine wirklich ganz, ganz tolle Frau, und nun hat sie es tatsächlich geschafft, sich einen Fehltritt zu erlauben. Wie wir gerade festgestellt haben, nicht unbedingt schön, aber doch sehr nachvollziehbar. Ich erinnere an deine Aussage, nicht von der Bettkante stoßen. Glaubst du, was sie dir über ihre Liebe zu dir erzählt hat?"
„Ich kenne niemanden, der so überzeugend wie Wiebke sein kann. Sie hat keine großen Skrupel, wenn sie überzeugt ist, das Richtige zu wollen, Menschen, und natürlich besonders mich, nicht nur zu überzeugen, sondern auch zu manipulieren. Was sie aber nicht macht, ist lügen. Insofern, ja, ich glaube, was sie gesagt hat." „Na, dann ist doch alles klar. Du feierst mit allen stilvoll Weihnachten, zeigst Wiebke drei Wochen die kalte Schulter, wenn ihr allein seid. Du sprichst einfach nur das Nötigste mit ihr. Sag einfach, du musst noch überlegen, wie du reagieren willst. Ein bisschen Strafe muss sein. Danach

legst du mit ihr den gesamten Vorgang Amerika in einen Safe. Darin bleibt er, bis wieder was passiert. Passiert ihr noch mal ein Fehltritt, holst du den Vorgang raus und sprichst dann sofort noch mal mit mir, denn dann habe ich mich total in sie geirrt. Wir überlegen dann gemeinsam, was zu tun ist. Passiert dir so was, holst du auch den Vorgang raus und schmeißt ihn weg, denn dann seid ihr quitt, wenn wir mal die Krankenschwester nicht mitzählen. Was meinst du, kannst du damit leben?" Ich schüttelte mich ein wenig. „Mensch Jens, das hört sich jetzt alles so leicht an. Aber so leicht kannes doch einfach nicht sein", meinte ich intervenieren zu müssen. „Warum kann es nicht so leicht sein? Weil du da ja selber hättest drauf kommen können? Mein lieber Tom, es ist wahr, für komplizierte Probleme gibt es selten einfache Lösungen. Ich weiß, du bist der Meinung, deine Probleme sind riesengroß und kompliziert. Jedenfalls fühlst du so. Glaube mir, dieses Gefühl täuscht dich. Deine Probleme sind in Wahrheit weder schwer noch kompliziert. Deshalb sind die besprochenen Lösungen einfach und, glaube mir, erfolgreich." Ich spürte tatsächlich den Kloß im Bauch schmelzen. War eswirklich so einfach? Was hatte ich zu verlieren, wenn ich das, was Jens vorgeschlagen hatte, umsetzen würde? Im Grunde nichts. „Mensch Jens, ich glaube fast, dass du Recht hast. Danke, mein Lieber, ich werde deine Vorschläge umsetzen." „Glaube mir, es wird klappen", entgegnete er. „Und nun gehen wir an den Notfallschrank und genehmigen uns einen unserer guten Notfalltropfen." Und genau das taten wir. Ein edler alter Calvados, einen besseren Notfalltropfen gibt es nicht.

Weihnachten 1984

„Komm, lass uns das Fest besprechen", bat ich am Abend darauf Wiebke. Ich merkte deutlich, wie sie entspannte.

Darauf hatte sie gewartet. „Wir brauchenvor allem dieses Jahr einen richtigen Baum", begann sie. „Ja, du hast Recht", entgegnete ich, „der im letzten Jahr war zu mickrig." Aus alter Gewohnheit hatte ich letztes Jahr einen 1,80 m großen Baum gekauft. In unserem Reihenhäuschen passte die Größe optimal. In unserem Saal im neuen Hausverlor er sich total. „Unter 2,50 m sollten wir keinen kaufen", schlug ich vor.

„Richtig", schloss sich Wiebke an, „aber dann brauchen wir in jedem Fall auch neuen Christbaumschmuck!" Und so verabredeten wir uns für den nächsten Abend beim großen Baumarkt, der die besten Weihnachtsbäume hatte, jedenfalls noch so kurz vor Weihnachten. Die Auswahl war aber leider sehr überschaubar. 2,20 m, das war der Größte, der noch da war. Etwas schief und krumm, aber zumindest grün. Wiebke hatte ihren Dachgepäckträger installiert, der Baum konnte transportiert werden. Leider war der Schnee schon längst wieder von Regen und hohen Temperaturen weggeschmolzen. Unsere Stimmung begann trotzdem weihnachtlich zu werden. Und so steuerten wir, nach halbwegs gelungenem Baumkauf, den Kölner Weihnachtsmarkt an. Wiebke hakte sich bei mir unter, als wir auf den Weihnachtsmarkt kamen. Ich ließ es zu. Und nicht nur das, ich genoss es, und ich schlug sofort die Bedenken, ob das denn nun auch richtig war, in den Wind. Wir steuerten den großen Wagen mit den Weihnachtsartikeln an. In Frage des Baumschmucks waren wir uns nicht ganz einig, ob ganz in Gold oder doch lieber ganz in Silber? Die Verkäuferin, die uns in dem großen Wagen bediente, überzeugte uns von etwas völlig anderem. „Schmücken Sie ihn ganz bunt, mit viel Holzspielzeug. Weihnachten ist doch in erster Linie das Fest für Kinder und Alte, und beide Altersgruppen sind sich im Geschmack wieder einig." Klang überzeugend, und so kauften wir bunt mit Spielzeug, und das kostete uns fast ein monatliches Einkommen von mir, aber wir hatten ja noch das von Wiebke.

Danach ließen wir uns vom Duft des Glühweins verführen, wir tranken gleich zwei. „Komm, wie früher, Bratwurst mit Pommes und Schranke." Das war nicht ich, der das vorschlug. Es war tatsächlich Wiebke, und es wurde die beste Bratwurst mit Pommes weiß, rot. Vielen Dank, lieber Jens, ohne dich hätte ich das nicht geschafft.

Und so feierten wir tatsächlich ein wunderschönes Weihnachtsfest. Der Knüller war der Gameboy für Bosse. Nur als Wiebke sagte, sie habe ihn von ihrer Amerikareise mitgebracht, da spürte ich einen Schlag in der Magengrube. Dafür schenkte ich Wiebke eine Single. Der Dauerhit der letzten Jahre „Da, da, da, du liebst mich nicht, ich lieb dich nicht. Da, da, da". Auch an Wiebkes Minenspiel konnte ich erkennen, sie spürte etwas in der Magengrube.

Gespräch mit Robert Klein

Köln, Februar 1985

Ende Januar rief ich Robert Klein an. Er schlug vor, dass wir uns am 10. Februar in Köln-Poll, im Alt Poller, treffen könnten. Er schlug 18 Uhr vor, er würde einen Tisch reservieren. Natürlich war ich einverstanden. Ich überlegte, ob ich mich vorbereiten, mir vielleicht Fragen über meinen Erzeuger ausdenken sollte. Ich verwarf dann diese Überlegungen. Ich informierte zwar Wiebke und Modder darüber, dass ich den Termin mit Klein haben würde, sprach aber auch mit ihnen nicht weiter darüber.

Als ich am 10.2. Feierabend machte, war es 15 Uhr. Nach Hause fahren lohnte nicht wirklich, ich wollte ohnehin noch ein bisschen allein sein.

Vielleicht sollte ich mich doch auf das Gespräch zumindest etwas vorbereiten. Was bot sich da besser an, als ein Spaziergang auf den Pollerwiesen. Das Wetter war zwar alles andere als einladend, aber schließlich bin ich Norddeutscher, und als Norddeutscher bin ich schließlich Schietwetter gewohnt. Ich lief zunächst stadtauswärts. Das Schlendern direkt am Rhein beruhigte mich. Der Nieselregen störte mich wirklich nicht im Geringsten, ich hatte meine dicke Winterjacke, wasserdicht und mit Kapuze, an. Ja, ich muss zugeben, ich war aufgeregt. Was würde ich zu hören bekommen? Alte Kriegsgeschichten, zweifelhafte Kameradschaften, Orden, die von Blut getränkt sind? Sollte ich einfach aufstehen und ihn sitzen lassen, wenn es mir zu viel wurde? Nicht unbedingt meine Art. Also gut, einfach abwarten. Kurz bevor ich umdrehen wollte, sah ich eine große Schafherde und viele kleine Lämmchen. Der Schäfer stand am Rande der Herde. Der Mann war höchstens 40, hatte nicht mal einen Bart oder einen Schäferhut auf dem Kopf. Und dann seine bunte gefütterte Winterjacke, meine Vorstellungen von einem Schäfer wurden gründlich auf den neuesten Stand gebracht. „Ist das denn nicht viel zu kalt für die kleinen Lämmchen?", wollte ich von ihm wissen. Bereitwillig gab er mir Auskunft: „Nein, überhaupt nicht. Die Lämmer schützt sofort eine Fettschicht. Kälte ist für alle besser als zu starke Hitze!" Wieder was gelernt! Mitten in Köln eine Schafherde, kann auch nicht jede Stadt bieten. Sie ist zwar nicht oft da, aber immerhin manchmal.

Beim Weg zurück lenkte mich das Panorama ab. Die Rheinbrücken und im Hintergrund der allgegenwärtige Dom. Er war noch ziemlich weit entfernt. Ich kann mit der Kirche allgemein nichts anfangen, egal welche Religionswahrheit sie vertritt. Meine Religiosität kennt keine verschiedenen Wahrheiten von Güte und Ehrfurcht vor der Schöpfung und bringt jede Menge Toleranz für alle Anders- oder Nichtgläubigen mit. Aber trotz allem, dieser Dom hier in Köln löst immer wieder eine gewisse Art von Ehrerbietung in mir aus. Dieses Gefühl übertrug sich auch auf Bosse und sogar schon auf Emma, als wir gleich nach unserem Umzug die Stadt erkundeten. Ich hatte jedenfalls das Gefühl, denn beide waren, außergewöhnlich für sie, andächtig und still, als ich ihnen ein paar Daten vom Dom über Bauzeit, Höhe und was sonst noch im Reiseführer stand, vorlas. Diese Daten hatte ich längst wieder vergessen, aber den Blick konnte ich jetzt nicht von ihm lassen. Und irgendwie fühlte ich mich jetzt gut vorbereitet auf das Treffen mit Herrn Klein, ohne dass ich wusste warum.

Ich war pünktlich um 18 Uhr im Alt Poller. Ich sah ihn gleich. Auf den zwei aufeinander zulaufenden Wandseiten, da waren je zwei große Fenster, und genau in der Ecke zwischen diesen Fenstern, da hatte er einen Tisch reserviert. Gut gewählt, denn der Tisch war etwas abseits der anderen Tische, sodass wir ungestört miteinander reden konnten. Ich kannte ihn ja nur im Trainingsanzug. Nicht zu übersehen, dass der perfekt sitzende Anzug ein

Maßanzug war. Weißes Hemd, Manschettenknöpfe mit seinen Initialen inSilber, dezente Krawatte. Dazu seine Größe, das volle ergraute Haar, keine Frage, Herr Klein war eine imposante Erscheinung. „Schön, dass Sie, trotz der Kälte, gekommen sind, Herr Johansson", begrüßte er mich. Und höflich antwortete ich: „Danke, dass Sie sich Zeit nehmen für mich". „Gern, für Sie, aber vergessen Sie nicht, auch für Ihren Vater". „Wie war es in Fernost? Haben Sie sich gut erholt?" Verdutzt guckte er mich an: „Erholt? Wo denken Sie hin. Ich war die meiste Zeit in Hongkong. Nachdem uns Ihr Vater für unsere kleine Beratung fehlt, sind alle Kontakte zu Unternehmen im Osten weggebrochen. Ich selber hatte nur Drähte im Westen, und deshalb muss ichmich um unsere Kunden in Fernost nun viel intensiver kümmern. 1997 wird China sich Hongkong wieder unter den Nagel reißen. Meine Kunden und ich sind uns einig, wir müssen schon jetzt alles unternehmen, um den Schaden so gering wie nur möglich zu halten. Wir trauen den Gelben nicht.

Aber wir wollen ja nicht über meine geschäftlichen Probleme sprechen. Wenngleich ich finde, dass auch sie der Rede wert wären. Aber bevor wir ans Bestellen gehen, eine Frage treibt mich so sehr um, dass ich sie gleich klären muss. Es ist das Thema, das mich seit unserem ersten Treffen umtreibt, mir einfach keine Ruhe lässt. Ich gebe gerne zu, dass ich mehr als überrascht war, als ich mir sicherwurde, dass Sie der Sohn meines besten Freundes sind. Bruno sollte einen Sohn aus erster Ehe haben, und mir hat er das verheimlicht? Ein uneheliches Kind von ihm, unvorstellbar! Wir hatten doch voreinander, glaubte ich zumindest immer, weniger Geheimnisse als vor unseren Ehefrauen. Und etwas so Elementares wie ein Kind, das verschweigt er mir? Und ein Mensch wie er, der vor Pflichterfüllung nur so strotzte, der soll sich nicht einmal um seinen Sohn gekümmert haben? Ich habe ganz schön geschluckt. Das entsprach alles so gar nicht meinem Freund. Und dann beruhigte ich mich wieder damit, indem ich mir einredete, irgendeinen erklärenden Grund müsse es geben. Zugegeben, diesen erklärenden Grund, den hoffe ich nun von Ihnen zu erfahren. Vielleicht wissen Sie ja mehr und können mir als Erster helfen, bevor ich Ihnen was von Ihrem Vater erzähle". „Ja, ich glaube schon", entgegnete ich. „Aber bevor ich Sie erlöse, und ich verspreche, ich erlöse Sie, möchte ich Sie gern einladen heute Abend. Wie ich sehe, sind Sie schon beim Kölsch. Ich schließe mich dem an." „Oh ja, das Kölsch hier, das sollten Sie nicht versäumen. Es ist ein Früh Kölsch. Das heißt, es ist frisch im Geschmack, leicht herb und hopfig und wird nach jedem Kölsch noch besser", klärte mich Klein auf. „Na gut, dann sollte ich vielleicht gleich zwei bestellen", entgegnete ich. „Und sollten Sie versuchen wollen, mich zum halve Hahn zu überreden, so viel wusste ich sogar schon in Hamburg von den Kölnern, dass der halve Hahn aus Bauernbrot mit Käse, Senf und Zwiebeln besteht. Gar nicht meine Welt. Ich habe draußen schon geguckt und werde das Bierkutscher Kotelett nehmen." „Sehr gut, diesmal schließe ich mich an", sagte er. Nachdem ich bestellt hatte, fuhr ich fort: „Nun aber zu Ihrem Anliegen, sozusagen zu Ihrer Erlösung. Sie sollten wissen, Herr Klein, ich selber hatte von der wahren Existenz meines Vaters keine Ahnung, fand auch zunächst unwahrscheinlich, dass Sie mit ihrer Vermutung richtig liegen könnten. Ich bin dann ihrer Empfehlung gefolgt und habe meiner Mutter in Sachen meines Vaters äußerst zugesetzt. Meine Mutter hat mir jetzt ihre letzte Begegnung mit ihm sehr ausführlich geschildert. Ja, die Zeiten damals waren eben gänzlich andere aber feststehen dürfte, auch mein Vater hatte von meiner Existenz keine Ahnung. Insofern konnte er Ihnen auch nichts von mir erzählen. Meine Mutter sagte mir, dass sie ihren Ehemann, was das Elementare angeht, so gut wie nicht gekannt hat. Sie konnte mir daher auch kaum etwas Wichtiges von ihm erzählen, außer, dass sie sich wohl wirklich geliebt hatten". „Das ganz bestimmt, das hat er mir auch immer wieder versichert. Aber dann hat also Ihre Mutter Bruno nicht darüber informiert, dass er Vater geworden ist?" Klein machte ein eher entsetztes Gesicht. „Nein, sie zog es vor, mich allein zu erziehen und ja, auch mir hat sie leider die Wahrheit vorenthalten. Sie wird ihre Gründe gehabt haben, wir werden das beide noch aufarbeiten. Aber, wie so häufig in solchen eher unschönen Angelegenheiten, meine Mutter hat es in jedem Fall gut gemeint", versuchte ich, Mutter zumindest etwas in Schutz zu nehmen. „Puh, vielen, vielen Dank für diese Informationen. Sie glauben gar nicht, wie erleichtert ich bin. Jede andere Erklärung hätte ich einfach nicht verstanden und Sie hatten durchaus

Recht, Sie haben mich auf eine gewisse Art erlöst. Es fällt mir so natürlich noch viel leichter, über Ihren Vater zu reden, jetzt wo ich genau weiß, dass ich mich nicht in ihm getäuscht habe. Und es gibt so viel zu erzählen. Wenn Sie es ausführlich wollen, werde ich mindestens zwei Abende brauchen, sonst mache ich es kurz." „Wenn Sie sich die Zeit nehmen wollen, dann bitte ausführlich." „Klar, machen wir. Ich kann übrigens auch beim Essen sprechen. Wenn es Sie nicht stört und Sie beim Essen zuhören können, sparen wir Zeit." „Kein Problem, gleichzeitig hören und essen sind eine meiner wenigen Multitasking-Fähigkeiten." Und schon landeten zwei frisch gezapfte Kölsch auf unserem Tisch. Wir prosteten uns zu und Klein hatte nicht übertrieben, das Kölsch war richtig klasse. Und dann begann er: „Sehr gut, selbst für einen richtigen Kölsch-Fan wie mich. So, am besten fange ich mit den Qualitäten Ihres Vaters an. Die haben sich übrigens vom ersten Tag unseres Kennenlernens bis zum letzten Tag unseres Zusammenseins nicht verändert. Ihr Vater war ein äußerst charmanter Mann, der ein so gewinnendes Lächeln an den Tag legen konnte, dass ihm Frauen und Männer aus der Hand gefressen haben. Er war sehr intelligent und besonders begabt, was Sprachen anging. Als wir uns damals im Krieg trafen, sprach er neben Englisch auch noch Französisch und tatsächlich Polnisch.

Später kam Russisch dazu. Was ihn ganz besonders auszeichnete, war seineGabe, sich in sein Gegenüber empathisch einzufühlen. Diese Gabe war ungeheuer wichtig und ließ ihn bei all seinen Aufgaben so erfolgreich sein. IhrVater war ein Vorbild an Verlässlichkeit und an Treue. Er war einer der wenigen, der seiner Frau treu blieb. Verstehen Sie mich nicht falsch. Natürlichist es nichts Ungewöhnliches, wenn jemand seiner Frau treu bleibt. Aber wenn wir als meist junger Soldat, voller Kraft und Saft, überlange Zeit von zu Hause weg sein mussten, und viele junge hübsche Frauen sich uns angeboten haben, da wurden die meisten von uns schon schwach. Ihr Vater nie. Ich weiß noch, wie geknickt er war, als er damals aus Hamburg zurückkam und mir sagte, Ihre Mutter wolle nicht zu uns nach Pullach. Er stand zu dem, was er sagte und tat. Dafür zollten ihm selbst höchste Instanzen sowohl im, als auch nach dem Krieg, allergrößten Respekt. Ich weiß, das alles hört sich ein bisschen nach Verklärung eines verstorbenen Freundes an". „Ja", erwiderte ich, „das hört sich tatsächlich ein wenig zu ideal an". „Aber es stimmt, was ich Ihnen eben erzählte. Die, die ihn kannten, würden das eins zu eins bestätigen. Glauben Sie mir!" „Ich glaube Ihnen ja", bestätigte ich schnell, denn Klein hatte einen sehr energischen Gesichtsausdruck angenommen. Etwas schade war, dass das wunderbare Bierkutscher Kotelett etwas unterging.

Zuhören und Essen ging, Zuhören und Essen genießen, das war schon wieder eine zu große Herausforderung für mich. Ohnehin, Klein aß auf, ohne dass er seinen Redefluss unterbrechen musste.

„Was ich Ihnen heute erzähle", fuhr er fort, „ist mittlerweile in weiten Teilen der Öffentlichkeit bekannt. Linke Schmutzjournalisten haben sich mit Veröffentlichungen gebrüstet, um unsere damalige Arbeit in den Dreck zu ziehen. Zwischenzeitlich haben sogar amerikanische Stellen unsere damaligen Aktionen zum Teil veröffentlicht. Die Veröffentlichungen haben aber wenig Resonanz erzeugt, die Menschen hatten sich um Wichtigeres zukümmern, als um alte Kamellen.

Ich lernte Ihren Vater 1942 in Berlin kennen. Wir beide, obwohl noch recht jung, waren schon SS-Offiziere und wurden gemeinsam dem neuen Leiter „Fremde Heere Ost" zugeordnet. Etwas später wurde unser Chef,

Reinhard Gehlen, zum Generalmajor befördert. Auch wir wurden befördert, denn wir leisteten wirklich Vortreffliches. Ihr Vater wurde zunächst in Polen, später dann in Russland eingesetzt. Er bekam wahnsinnig schnell erstaunlich gute Kontakte zu den feindlichen Lagern. Er holte aus seinen Kontaktleuten, meistens russische Oppositionelleoder Russlanddeutsche, Informationen über intimste Geheimnisse wie Truppenstärke oder Truppenbewegungen der russischen Armee heraus.

Durch seine Strategie, zunächst die Menschen für sich zu gewinnen, um sie nachher gezielt zu bestechen oder, wenn erforderlich, bedrohen zu können, war er der Held unserer Truppe. Auch Gehlen war hochzufrieden mit ihm, wie, wenn ich das in aller Bescheidenheit sagen darf, auch mit mir. Natürlich wurde sämtliches Wissen über das russische Militär peinlichst genau in Protokollen festgehalten. Schnell war uns klar, dass wir von Tag zu Tag schlechtere Karten hatten, den Krieg im Osten noch zu gewinnen. Hören wollte das besonders der Führer nicht. Als uns klar wurde, dass die stalinistische Armee uns bei Stalingrad schlagen würde und wir das so berichteten, gab der Führer uns die Schuld an der Niederlage. Wir waren nicht nur Soldaten, wir waren Offiziere, und wir standen natürlich, trotz aller Zweifel an dieser Schuldzuweisung, zu Führer und Vaterland. Das half allerdings wenig, und so zog der Führer die für ihn schlüssigen Konsequenzen. Er ordnete im Februar 1945 die Entlassung Gehlens, und damit auch die Entlassungen seiner Offiziere, also für Ihren Vater, mich unddrei weitere Kameraden, an. Unsere Betroffenheit hielt sich in Grenzen. Wirwaren der festen Überzeugung, der Krieg war verloren, unsere Zukunft ohnehin mehr als ungewiss. Ich erinnere mich noch, wie wir im März 45 vonGehlen zu einer Krisensitzung zusammengerufen wurden. Ich saß neben Ihrem Vater, auch die drei anderen Offiziere der Truppe Gehlen waren dabei. Ich werde diese Zusammenkunft nie vergessen.

Sitzung der ehemaligen Führung

Fremde Heere Ost

Berlin, März 1945

Trotz unserer offiziellen Entlassung konnten wir bis auf Weiteres in unserer Kaserne in Berlin wohnen bleiben. Wir durften sogar unsere Uniformen mit unseren Rangabzeichen weitertragen. Klar war aber auch, dass es nur eine Frage der Zeit sein würde, bis die Vollstreckung unserer Entlassung vollständig ausgeführt werden würde. Wir trafen uns in einem Nebenraum unseres Offizierskasinos. Es war März, und wie immer in Berlin, immer noch sehr kalt. Unser Räumchen war unbeheizt. Wir waren dankbar, dass GehlenKaffee besorgt hatte, so konnten wir uns wenigstens die Finger wärmen. Wiein der Wehrmacht üblich, begann

Gehlen in etwas schnarrendem, wenig verbindlichem Tonfall:

„Kameraden, die Lage ist klar für uns. Wir wissen, Berlin wird über kurz oder lang in russische Hände fallen. Jeder von Ihnen kann sich vorstellen, was mit uns passiert, wenn die Russkis uns kriegen, vor allem, wenn die unsere Unterlagen in die Pfoten kriegen. Ihnen dürfte wohl klar sein, dass die werten feindlichen Spione bei uns, dem lieben Feind, mitgeteilt haben, dass wir unser gesamtes Wissen über sie protokolliert haben. Nach meiner und unserer wenig stilvollen Entlassung hatte ich genügend Zeit, über uns nachzudenken. Klare Zielsetzung: auf keinen Fall in die Hände der Russen fallen, auf jeden Fall unser Wissen nutzen. Soweit klar?" Nachdem wir alle stumm, wenn auch etwas ratlos, genickt hatten, fuhr Gehlen fort: „Natürlich müssen wir handeln,und ich weiß auch wie. Und jetzt, meine Herren, spitzen Sie Ihre Ohren, es kommt jede Menge Arbeit auf jeden Einzelnen von Ihnen zu.

Erstens, wir müssen raus aus Berlin, bevor unsere Entlassung komplett umgesetzt wird. Ich hab meinen befreundeten Gauleiter bereits überreden können, uns einen Marschbefehl in den Süden auszustellen. Wir müssen in jedem Fall weg aus Berlin. In Bayern würden wir den Amis in die Hände fallen. Viel, viel besser als den Russkis. Zweitens, wir vernichten alles, was wir über die Russen in Erfahrung gebracht haben. Ich sage, alles und restlos. Steinert, Sie übernehmen das!" „Jawohl, Herr Generalmajor." „Können Sie sich langsam abgewöhnen, das mit dem Generalmajor." „Jawohl, Herr Generalmajor, langsam!" „Gut, gut! Bevor Sie aber auch nur ein Fetzen unserer Informationen an Steinert übergeben, sorgen Sie, Johansson, dafür, dass jeder Fetzen vorher kopiert wird. Jeder Fetzen. Verstanden?" „Jawohl, Herr Generalmajor. Aber das wird ein Riesenakt. Und um ehrlich zu sein, ich frage mich, warum behalten wir denn die Unterlagen nicht gleich, statt sie erst zu kopieren, um sie dann wieder zu vernichten?" „Na warum wohl?", gab Gehlen die Frage zurück. Ratlosigkeit in all unseren Gesichtern. „Na gut", fingGehlen wieder an, „ich hatte doch schon ausgeführt, dass die Russen über unsere Protokolle Bescheid wissen. Spätestens wenn sie Berlin eingenommen haben, werden sie alles auf den Kopf stellen, um diese Unterlagen zu finden. Das muss uns ja zunächst nicht kratzen, lass sie suchen. Sie werden aber natürlich nichts finden, denn wir haben ja die Unterlagen mitgenommen. Die Russen werden aber nicht aufhören zu suchen, und sie werden ihre Verbündeten informieren und sie warnen, sich ja nicht diese Unterlagen unter den Nagel zu reißen. Das würde zwar im Zweifel auch keinen davon abhalten, genau das zu tun, uns aber unser Vorhaben erschweren. Deshalb finden die Russkis die vernichteten Protokolleund geben hoffentlich Ruhe. Soweit klar?" Wieder

Nicken in der Runde, obwohl so richtig war es keinem uns damals klar, was Gehlen vorhatte.
Aber Gehlen war ein Perfektionist und sehr klar sortiert, auch deshalb genoss er unser volles Vertrauen. „Das wird viel, sehr viel Arbeit", fuhr Ihr Vater fort, „kann ich dazu zwei meiner engsten Vertrauten mit zur Hilfe nehmen?" „Auf keinen Fall. Über das, was wir hier besprechen, erfährt niemand, ich sage niemand, auch nur ein Sterbenswort. Nicht mal der Pfarrer von Bruckmayer, wenn der als unser katholischer Beichtgänger unser Geheimnis vielleicht beichten will. Nein, nicht mal in der Beichte wird darüber auch nur ein Wort verraten. Verstanden?" „Jawohl, Herr Generalmajor", kam es von Bruckmayer.
„Klar, das mit dem Kopieren wird eine Heidenarbeit. Wenn Klein oder jeder andere von uns mit seiner Arbeit fertig ist, kann er Ihnen helfen, Johansson. Und damit zu Ihnen, Klein. Sie besorgen mindestens acht Metallkisten.

Die müssen so stabil und wetterfest sein, dass sie selbst bei widrigsten Verhältnissen ihren Inhalt schützen. Was die Kisten beinhalten werden, dürftewohl jedem von Ihnen inzwischen klar geworden sein.
Nun zu Ihrer Aufgabe, Hampel. Sie kennen meinen befreundeten Gauleiter. Erweiß Bescheid, dass Sie auf ihn zukommen. Sie organisieren mit seiner Hilfeunseren Transport. Sie verstehen, nicht nur den von uns sechs Helden, sondern auch von den Kisten. Kommt ein bisschen auf die Größe der Kisten an. Könnten bis zu acht werden. Verstanden, Hampel?" „Jawohl, Herr Generalmajor." „Gut. Und nun noch zu Ihnen, Bruckmayer. Sie kommen doch aus Bayern, oder?" „Jawohl, Herr Generalmajor." „Wie gut kennen Sie sich in den Bergen aus?" „Ich wurde in Garmisch geboren, Herr Generalmajor, und war in meiner Jugend Mitglied im Alpenverein. Würde also behaupten, ich kenne mich in den Bergen aus, auch in Österreich." „Sehr gut, Bruckmayer,

genau wie ich vermutet habe. Sie werden mit mir die Stelle festlegen, an der wir unseren Schatz vergraben. Karten habe ich. Wir beide werden dann auchorganisieren, wie wir die verdammten Kisten in unser Versteck bringen. Da sind wir dann ja zu sechst, oder will einer noch aussteigen? Keiner? War mir klar, dass ich mich auf jeden von Ihnen verlassen kann. Und nun noch eine Aufgabe für jeden. Auch sehr wichtig. Sie schreiben noch heute einen Brief an Ihre Lieben. Alle schreiben, dass sie eine ganze Weile von Ihnen nichts hören werden. Schreiben Sie ruhig, dass unsere Mission gefährlich ist.
Ansonsten schreiben Sie natürlich, was Sie wollen, bleiben aber in jedem Fallim Ungefähren. Ist auch das soweit klar?"
Diesmal kam ein überzeugtes „Jawohl, Herr Generalmajor!"
„Kameraden, diese von mir geplante Aktion könnte unser gesichertes Überleben gewährleisten.
Voraussetzung: alles klappt wie

besprochen und die anderen spielen mit." „Pardon, Herr Generalmajor", sagte Steinert, „wer sind die anderen und inwieweit müssendie mitspielen?"
„Gute Frage, Steinert. Lassen Sie mich Ihnen jetzt meinen Plan zusammenfassend erläutern.
Wir haben unglaubliches Wissen über die russische Armee. Dieses Wissen bringen wir, wie wir das besprochen haben, in Sicherheit, indem wir es in Österreich vergraben. Wir begeben uns in Bayern in amerikanische Gefangenschaft. Jetzt müssen wir den Amis klarmachen, dass wir für sie Informationen haben, die sie für ihr Leben gern hätten, aber nicht haben. Dafür bekommen wir Freibriefe. Jetzt fragen Sie bitte nicht, wie ich das mit den Amis anstellen werde. Zugegeben, ich weiß das selber noch nicht. Ich weiß, dass sie schon jetzt den Russen nicht über den Weg trauen und sie deshalb rattenscharf auf unser Wissen sein müssten. Keine Garantie also, aber die beste aller Chancen, die wir

überhaupt noch haben." Nachdem dieser Plan, so langsam aber sicher, von uns verstanden worden war, meldete sich Hampel noch einmal: „Herr Generalmajor, wenn ich das im Namen von uns fünf sagen darf, auch wenn nichts sicher ist, wir vertrauen Ihnen. Wir kennen uns alle so gut, verlassen uns blind aufeinander, im Feld längst bewiesen, und deshalb ist klar, wir stemmen das."

„Ja, so war das damals. Aber bevor unser nächstes Kölsch kommt, muss ich mich erst mal von den bisherigen befreien. Sie entschuldigen mich kurz." Ich war ganz dankbar für die Unterbrechung. Ich bestellte zwei neue Kölsch, die wirklich immer noch besser wurden. Dann ging ich das soeben Gehörte nochmal im Geiste durch. Mir war, als hätte ich tatsächlich vor langer Zeit etwas darüber gelesen, war mir aber nicht sicher. In jedem Fall konnte Klein spannend erzählen. Na gut, er war ja auch selber mit dabei, er zog mich mit seiner Geschichte trotzdem in seinen Bann. Dann kam er auch schon zurück.

„Alte Männer und ihre Konfirmandenblase", scherzte er. „Noch ein bisschen die Kehle anfeuchten, und dann kann ich, natürlich nur, wenn Sie wollen, weiter erzählen." „Und ob ich will", gab ich zurück, und so fuhr Klein mit seinem Bericht fort:

„Wie Sie es eben gehört haben, so haben wir es durchgezogen. Eins zu eins, wie von Gehlen geplant. Wir kopierten alle Berichte, dann steckten wir sie in den Reißwolf und ließen die Reste so liegen, dass die Russen sie finden mussten. Wir packten die Kopien in die Kisten, es wurden fünf. Dann setzten wir uns nach Bayern ab. Mit unserem Marschbefehl kamen wir in einer der Kasernen in München unter. Gehlen, Bruckmayer und Hampel fuhren auf Schleichwegen die Kisten nach Österreich. Dort vergruben sie die Kisten, und als sie zurückkamen, begaben wir uns alle sechs in amerikanische Gefangenschaft. Das hört sich ein bisschen nach Kitschroman an, aber zwischenzeitlich ist unsere Geschichte bekannt, sie wurde oft genug auch mit Schmutz überzogen. Die Dummheit stirbt eben nicht aus. Jetzt allerdings wurde es knifflig. Die Amis haben natürlich nachgeforscht, wer wir waren, was wir gemacht haben, welche Ränge wir hatten. Für sie waren wir Kriegsverbrecher. Für sie waren die diejenigen, die Macht hatten Befehle zu erteilen, und die für Kriegsverbrechen der Wehrmacht verantwortlich waren. Gehlens und unsere Beharrlichkeit und die Art, wie wir mit unseren Geheiminformationen über das russische Militär den Amis den Mund wässerig machten, hat nach längerer Zeit der Ungewissheit dann doch Wirkung gezeigt. Hinzu kam, dass wir alle sechs uns stets mit unseren Aussagen deckten und wir stets bei unseren Aussagen blieben. Die Verhöre hier waren aber nur ein Vorgeschmack auf das, was später folgen sollte. Der

Kommandant unseres Gefangenenlagers nahm endlich Kontakt zu seinen Vorgesetzten in den USA auf, und siehe da, wir sollten einen kleinen Trupp zu unserem Versteck nach Österreich bringen. Unsere Kisten wurden ausgegraben, und dann wurden sie mit uns in einen Flieger geladen und in einer geheimen Operation in das noch geheimere Fort Hunt geflogen. Zunächst mal wurde uns allen in dieser Transportmaschine so richtig schlecht. Unsere amerikanischen Begleiter waren darauf vorbereitet, sie versorgten uns gleich zum Start mit Spucktüten. Jede wurde gebraucht. Wir alle waren zum ersten Mal in den USA. Bis auf Bruckmayer sprachen wir leidlich Englisch, was nicht hieß, dass wir alle Amerikaner mit ihrem Dialekt verstanden. Zum Ende unseres Aufenthaltes, wir waren fast ein Jahr dort, war für uns alle die Sprache kein Problem mehr. Das geheime Fort Hunt. Es liegt nicht weit, südlich entfernt von Washington, D. C. Als wir ankamen, änderte sich gerade der Aufgabenschwerpunkt des Forts. Während des Zweiten Weltkrieges wurde es ausschließlich als Geheimdienst- und Verhörzentrum genutzt. Als wir ankamen, wurden viele der vorhandenen Kasernen für Kriegsveteranen und deren Rehabilitation umgewidmet. Wir wurden in den noch für Verhöre abgegrenzten Bereich untergebracht. Bis zum Schluss wurden wir von den anderen amerikanischen Soldaten abgeschirmt. Die anderen Kasernen, die großen Lagerhallen, alle unerreichbar für uns. Trotzdem hatten wir um unsere Kaserne herum genügend Platz zum Laufen, und wir hatten sogar einen Baseballplatz. Wir haben den allerdings nie fürs Baseballspielen genutzt. Nach einigem Drängeln bekamen wir einen Ball, wie wir ihn kannten, und konnten so den Platz für Fußball, drei gegen drei, nutzen.

Es folgten ganze Orgien von Verhören und Gesprächen. Einzeln, zu zweit oder dritt oder zu sechst. Nicht nur die Räume waren für Vernehmungen bestens ausgestattet, auch die Vernehmer waren ausgebuffte Profis. Der Chef aller Vernehmenden war ein Österreicher mit dem amerikanischen Namen Eric Waldman. Nur zur Klarstellung: Der Name von Waldman und dervon Gehlen stimmen. Alle anderen Namen hatten nach der USA ohnehin keine Bedeutung mehr. Jedes unserer Gespräche wurde aufgenommen und damit protokolliert. Ich erinnere mich noch gut an eine Sitzung unter uns, die gleich in der ersten Zeit, also Mitte 1946, in Hunt stattfand. Und wieder schwor Gehlen uns ein.

„Jungs, passt auf. Die Amis trauen uns natürlich nicht über den Weg. Das sind Profis hier, und die werden natürlich versuchen, uns gegeneinander auszuspielen. Die wollen sich ihre Meinung über uns bestätigen. Wir sind die schlimmen Nazis, und sie werden gehörig Ärger bekommen, wenn sie sich von diesen Kriegsverbrechern über den Tisch ziehen lassen. Also klar, wir müssen ihnen die Angst nehmen. Wir sind die guten Deutschen. Ihr habt bestimmt auch schon mitbekommen, dass unsere Kisten mächtig Eindruck machen. Wir dürfen uns jetzt nicht verrückt machen, wir brauchen Zeit. Zeit, um ihr Vertrauen zu gewinnen. Und wie schaffen wir das? Genau, indem wir in unseren Verhören immer und immer wieder das Gleiche sagen. Egal, womitsie uns kommen, wir sind eine Stimme." Gehlen machte eine Pause, aber er hatte auch ohne diese unsere volle Aufmerksamkeit. Also fuhr er fort:

„Natürlich können wir nicht so tun, als wären wir die heiligen Samariter." „Ja genau", unterbrach Hampel, „was geben wir zu, und was geben wir eben nicht zu?" „Genau deshalb sitzen wir hier zusammen", fuhr Gehlen fort. „Also passt auf: Wir geben natürlich zu, dass wir hohe SS-Offiziere waren.Und ja, wir haben unsere Feinde im Osten

ausspioniert. Soweit alles selbstverständlich. Aber jetzt Vorsicht, ja, wir haben teilweise etwas von Kriegsverbrechen der Wehrmacht mitbekommen, konnten aber nicht eingreifen. Noch wichtiger, wir haben nichts von den KZs gewusst. Gar nichts, und schon erst recht nicht bei der Organisation von Transporten der Gefangenen mitgeholfen. Protokolle, die das behaupten, sind gefälscht."
„Aber Reinhard, das glauben die uns doch nie. In unserer Hierarchiestufe wollen wir von all dem nichts gewusst haben?", fragte Steinert. „Nun passt mal auf, Jungs", schärfte uns Gehlen nun sehr eindrücklich ein. „Die Amis sind natürlich teilweise Moralapostel. Was sie aber noch viel mehr sind, sie sind Pragmatiker. Mit ihrem Pragmatismus sind sie uns Deutschen meilenweit überlegen. Die haben jetzt schon vielmehr Schiss vor den Russen, als sie jemals wieder Angst vor uns Deutschen haben werden. Ich habe Waldman sagen hören, dass sie der Meinung

sind, dass wir unschätzbare Infos für sie über das gesamte russische Militär haben. Sie glauben, wir wissen besser über die russische Armee Bescheid als die Russen selber. Damit haben sie ja auch Recht, und wir werden in den Verhören alles dafür tun, dass dieser Glaube von ihnen in Wissen übergeht. Die werden sehr schnell merken, dass sie uns wollen und dass sie uns brauchen. Wir müssen denen jetzt nur helfen, ihnen Brücken zu bauen, um mit uns zusammenzuarbeiten. Diese Brücken bestehen darin, ihnen ihre Ängste vor uns zu nehmen, und damit ihre noch größeren Ängste vor ihren Vorgesetzten. Keiner will wegen zu enger Zusammenarbeit mit Kriegsverbrechern von ihren Bossen zur Rechenschaft gezogen werden wollen." „Aber in den Akten haben sie doch unsere nicht gerade rühmlichen Taten der Wehrmacht im Osten schon entdeckt", warf Bruckmayer ein. „Kein Thema, das geben wir auch zu", entgegnete Gehlen.

„Kriegsverbrechen sind nicht schön. Die Amis aber sind in dieser Frage Realisten. Sie wissen, jede Armee hat im Krieg jede Menge Dreck am Stecken. Da wird nicht groß aufgerechnet und nachgehakt. Also hier wissen wir was drüber, und das geben wir auch zu, wie schon vorhin besprochen. Wirklich problematisch sind die KZs. Hier wissen wir nichts. Ich kann es euchgar nicht eindringlich genug sagen: Von den KZs wissen wir rein gar nichts. Das mit den KZs ist für sie ein No-Go. Das können und werden sie bei allem guten Willen uns nicht durchgehen lassen. Und bevor ihr weiter fragt, nein, sie werden es uns nicht glauben. Aber, nur zur Wiederholung, sie sind Pragmatiker. Wir streiten auch nach der hundertsten Befragung alle miteinander ab, auch nur irgendwas von den verdammten KZs zu wissen, und ihr Pragmatismus wird dafür sorgen, uns zu glauben. Jungs, wir sind schon so weit gekommen, und wir sind auf einem richtig guten Weg.

Wir sindauf eine ganz besondere Art miteinander verbunden. Wir werden die Amis dazu bringen, nicht nur mit uns zu arbeiten, sondern uns zu fördern, weil sie uns brauchen."
Und genauso haben wir es gemacht. Vor allem Waldman hat sich für uns stark gemacht. Vielleicht fiel es ihm als Österreicher leichter, uns sein Vertrauen zu schenken. Aber auch die hohen Tiere im Verteidigungsministerium der USA standen dann hinter Waldman und förderten uns. Nach fast einem Jahr Fort Hunt kamen wir zurück nach Bayern, nach Pullach. Wir bekamen eine neue Identität, die Amis sorgten für die Beseitigung der alten. Ihre Mutter wurde also vom Tod ihres Mannes informiert. War nicht schön, für unsere Zukunft aber unerlässlich. Und so arbeiteten wir fortan für unsere neuen Freunde. Gehlen blieb unser Chef. Die Amis waren an Informationen aus dem Osten weiterhin wahnsinnig interessiert. Sogar Waldman kam ab und zu nach

Pullach. Gemeinsame Interessen verbinden halt.
Ich weiß noch, wie oft Ihr Vater von seiner Frau sprach. Wir wohnten inzwischen abgeschirmt von allen in einer Art Siedlung in Pullach. Es hatte sich inzwischen rumgesprochen, dass wir dort für damalige Verhältnisse wie die Made im Speck lebten. Kein Wunder also, dass es vor unserer abgeschirmten Siedlung immer wieder Demos gab, die unsere amerikanischen Freunde immer resoluter auflösten. Gehlen wollte seine eingeschweißte Truppe unbedingt erhalten, vor allem Ihren Vater. Gehlen hatte inzwischen schon eine Truppe von fast 100 Leuten angeworben.
Unsere Informationen wurden von den Amis förmlich aufgesaugt. Ausgesuchte Informationen, die wir an sie weitergaben, überließen sie dann sogar der langsam entstehenden Bundesrepublik. Das hatte wiederum zur Folge, dass auch von deutscher Seite aus unsere Arbeit immer mehr

geschätzt wurde. Weil Gehlen gerade so großes Interesse an Ihrem Vater hatte, sorgte er dafür, dass sich ein Mitarbeiter in Hamburg um eine Erika Johansson kümmerte. Ihr Vater sollte seine Erika holen kommen, wir brauchten ihn, und das glücklich. Die Auskünfte waren positiv. Kein neuer Mann, Kontakte nur zu unauffälligen Leuten, auch die Eltern, unauffällig. Er konnte also seinen Versuch starten, ohne zu viel zu riskieren, und sich seine Erika holen. Wie wir zwischenzeitlich wissen, ist dieser Versuch gescheitert. Dann übernahm die CIA die Führung von uns. Für die CIA arbeiteten wir bis Ende 1949. Wir konnten ihnen wirklich viele besonders wertvolle Informationen liefern, zum Beispiel über den Aufbau der Vopos im Osten. Wir hatten zu dieser Zeit, wie schon erwähnt, über 100 Mitarbeiter in der sogenannten „Organisation Gehlen". Und das muss ich den Amis wirklich lassen, sie haben in allem, was sie uns versprochen haben, Wort gehalten.

Dann kam die Bundesrepublik, dann kam Adenauer, und wir durften nach einigem Quengeln zu Adenauer wechseln.

Gehlen sollten viele Denkmäler gesetzt werden. Sie werden keins finden. Aber Adenauer hat ihm zumindest einige Orden verliehen. Gehlen war es zu verdanken, dass die BRD schon lange Zeit vor der offiziellen Wiederbewaffnung eine geheime Verteidigungsarmee aufgebaut hat. Die Angst der Amis vor dem Kommunismus und Gehlens Genialität, diese Angst zu nutzen, waren der Schlüssel zum Erfolg. An der gesamten Bundesregierung vorbei hat Gehlen, natürlich mit Unterstützung und Billigungvon Adenauer und seinem Staatssekretär Globke, die Besatzungsmacht USAdazu bewegen können, diese geheime, absolut schlagkräftige Armee aufbauen zu können. Die USA haben sich sogar finanziell beteiligt. Aber das ist eine ganz andere Geschichte. Auch sehr

spannend, aber Ihr Vater war in diese Geschichte nicht involviert. Es gibt aber noch so viel von Ihrem Vater zu berichten, dass das mit der geheimen Armee der neuen Bundesrepublik warten muss.
Ja, keine Frage, Gehlen, ein Meister des Geheimen.
Mein Gott, ich rede und rede, und Ihnen ist bestimmt schon ganz schwindlig geworden." „Überhaupt nicht, Herr Klein. Es war alles sehr, sogar sehr interessant für mich. Und sollte mir schwindlig sein, dann höchstens vom sechsten Kölsch. Eine Frage habe ich noch. Hießen Sie damals wirklich, wie in Ihrer Erzählung, auch schon Klein?" „Wo denken Sie hin. Nein, ich hieß völlig anders, habe meinen Namen nur für Sie eingebaut. Übrigens, die wirkliche Heldentat Ihres Vaters werde ich Ihnen, natürlich nur, wenn Sie wollen, das nächste Mal erzählen. Aber bitte überlegen Sie gut, ob Sie das wirklich wollen. Die Infos, die ich Ihnen dann geben würde, die sind zwar auch protokolliert, aber noch viele, viele

Jahre unter Verschluss. Deshalb müsste ich Sie dann um Verschwiegenheit bitten." „Puh, das waren jetzt wirklich jede Menge Informationen. Danke, dass Sie mir das alles erzählt haben. Ich werdees alles erst mal verdauen müssen, und das wird wohl länger brauchen als mein Kotelett. Welchen Namen hat mein Vater denn angenommen, als er sozusagen wieder auferstanden ist?" „Seien Sie mir nicht böse. Ich würde gern bis zu unserem nächsten Treffen damit warten. Es geht auch ein bisschen um seine Familie. Bevor wir hier viel Staub aufwirbeln, sollten wir uns beide erst einmal einig darüber werden, ob wir das wirklich wollen. Als Karnevalmuffel werde ich jetzt ohnehin mit meiner Frau die nächsten Wochen in die Berge fahren. Sie sagt immer, ich sei das ganze Jahr ein Jeck. Dafür bräuchte sie keinen Karneval, und ich auch nicht. Ich melde mich diesmal bei Ihnen, wenn ich zurück bin. Sollten Sie dann Lust und Zeit haben, erfahren Sie,

warum ich sage, Ihr Vater ist ein Held."
Wir verabschiedeten uns voneinander, und Herr Klein ging zum Ausgang. Natürlich beobachtete ich seinen Gang. Berufsinteresse! Das war nicht der Gang, den er hätte haben müssen. Meine Ganganalyse bei seinem Nach-draußen-Gehen ergab eindeutig: starker Beckentiefstand. Er hätte eben doch nicht versuchen sollen, sich selber zu therapieren. Obwohl schon leicht beschwipst, bestellte ich ein weiteres Kölsch. Na bitte, die freundliche Bedienung, die ich bislang gar nicht so recht wahrgenommen habe, übrigens durchaus attraktiv, ging, wie es sich gehörte zu gehen. Ich konnte bei ihr jedenfalls keinen Beckentiefstand feststellen. Sie brachte mein siebentes Kölsch und die Rechnung. Während ich trank, ging ich den Abend in Gedanken nochmal durch.
Ich musste das alles erst mal ein bisschen sortieren. Es hörte sich verdammt glaubwürdig an, was Klein mir erzählte. Ist er glaubwürdig? Ich

zweifele an mir selbst. Kann ich diesen Mann glaubwürdig finden? Einen, der Journalisten, die die Wahrheit über Schmutz an den Tag bringen, als linke Schmutzjournalisten bezeichnet? Einen, der SS-Offizier war? SS-Offizier, da gehörte es doch zum Anforderungsprofil, Sadist und Rassist zu sein. Und umdie eigene Haut zu retten, verleugnet er, mit all den anderen, sein Glaubensbekenntnis und überbietet sich in Lügengeschichten. Einer, der spioniert und Spaß daran hat? Ich weiß, wenn mir einer diese Fragen stellen würde, würde ich schon an dessen Verstand zweifeln, wenn er auch nur glauben könnte, dass ich so einen Typen sympathisch oder glaubwürdig finden könnte. Aber nach diesem Abend und so, wie er erzählt hat, geht mir mein Selbstverständnis von einem Nazi langsam flöten. Ich verstehe mich selber nicht, aber irgendwie finde ich diesen Mann, trotz all meiner gefestigten Urteile über Nazis, nicht unsympathisch. Liegt das

daran, dass er das Spiegelbild meines Vaters ist? Kann sein, obwohl mir mein Körper sagt, dass ich für meinen Erzeuger überhaupt noch kein Gefühl habe, schon gar keins von Sympathie. Schließlich war der auch SS-Offizier, ebenfalls gläubiger Nazi und laut Klein sogar ein Held. Also sacken lassen und überhaupt, Karneval in Kölle rollt an und dieses Jahr will ich Nordlicht mich da mitnehmen lassen.
Und so ließ ich mir ein Taxi kommen und ließ mich, voll mit Geschichten und Kölsch, nach Hause chauffieren.

Nächster Tag

Köln, Februar 1985

Als mein letzter Patient an diesem Nachmittag gegangen war, konnte ich kurz mit Jens über den gestrigen Abend sprechen. „Bleib am Ball", riet er mir, „der scheint mit allen Wassern gewaschen zu sein. Wird bestimmt interessant, und dann weißt du auch, was er unter einem Helden versteht. Ist doch scheißegal, ob der dir nun

sympathisch oder glaubwürdig genug ist.
Hauptsache, du kriegst raus, was für ein Typ dein, wie du immer sagst, Erzeuger war. Ist doch 'ne spannende Kiste." Jens hatte Recht. Klein schien wirklich mit allen Wassern gewaschen zu sein, und ich wollte seine Story auch unbedingt weiterhören. Also ist klar, ich nehme den nächsten Termin wahr. Er ruft bestimmt an.
Dann überlegte ich mir, ob ich auch Mutter über das Gespräch mit Klein unterrichten sollte. Als ich dann nach Hause kam, war sie oben bei uns in der Küche und machte den Kindern einen Kakao. Ja klar, die Kinder hatten Karnevalsferien. Mutter sah nicht gut aus, schien in den letzten Tagen eher um Jahre gealtert zu sein. Es gab keinen Zweifel, sie litt wie ein Hund, oder besser, wie eine Hündin. Muss mich mal erkundigen, woher dieser Ausspruchkommt, macht für mich gar keinen Sinn. Egal! Ich gab mir dann einen Ruck, und ich nahm sie in den Arm. „Ich möchte auch einen Kakao",

sagte ich im Ton, als wäre ich wieder ihr kleiner Sohn. Und schon liefen sie wieder, die Tränen. Ich brachte Bosse und Emma ihren Kakao, sie sollten ihre Oma nichtschon wieder mit Tränen sehen. „Spielst du was mit uns?" wollte Emma wissen. Ich vertröstete sie auf später, ich müsse erst mit Omi was besprechen. „Bist du noch böse auf sie?" fragte Bosse. Natürlich haben sie was mitbekommen, auch wenn ich hoffte, das würde genau nicht geschehen.

„Nein, mein Großer. Ist alles wieder gut. Papa hat sich wieder beruhigt und eingesehen, dass Oma gar nicht schuld war an unserem Streit." „Worüber habt ihr denn gestritten?" bohrte Bosse weiter. „Ach, es ging um eine uralte Geschichte, als ich noch klein war", versuchte ich mich aus der Affäre zu ziehen. „Was denn für eine Geschichte, Papa?". Mein Gott, dieser Bosse kommt eben doch eindeutig nach Wiebke. „Die Geschichte ist zu lang, um sie jetzt zu erzählen, Oma wartet auf mich. Aber wenn wir später Zeit haben, dann erzähl ich sie euch. Und nach dem Kakao, ab in den Garten, das Wettermüsst ihr ausnutzen." So mogelte ich mich erst mal raus, und später würde mir schon was einfallen zur Geschichte mit Oma und mir. Ich holte mir meinen Kakao, Mutter nahm ihren Kaffee, und so gingen wir in unsere Sitzecke im Wohnzimmer. Jetzt verstand ich meine Zweifel gar nicht, ihr vom Gespräch mit Klein zu erzählen. Und so erzählte ich ihr alles vom gestrigen Abend. Sie hörte sich, ohne mich zu unterbrechen, meinen Bericht an.

„Danke, Tommy, dass du mich aufgeklärt hast. Natürlich hatte ich keine Ahnung, was aus Bruno geworden ist. Ich war damals so sicher, das Richtige zu tun, war so sicher, dass alles für mich zu behalten der einzig vernünftige Weg sei. Nach all dem, was jetzt passiert ist, ist diese Sicherheit natürlich beim Teufel. Ja, ich mach mir Vorwürfe, weiß, dass ich dich über alles hätte informieren, dich hätte einbeziehen müssen", sagte sie. Und nach einer Pause weiter: „Nein, diese Vorwürfe erspare ich mir nicht und weiß doch, jetztkann ich nichts mehr ändern. Das Gör ist im Brunnen". Zum Glück blieben diesmal die Tränen weg. „Ich habe mich ja längst wieder beruhigt", erwiderte ich. „Nun warten wir mal ab, was Vaterfreund Klein denn noch so alles auf Lager hat. Vielleicht kann ich mich ja noch im Heldenlicht deines Brunos sonnen. Wie du richtig sagst, ändern können wir jetzt eh nichts mehr, warten wir ab und bewerten wir alles, wenn wir alles wissen". „Danke, mein Lieber, du weißt, ich liebe dich, mein Sohn". Na ja, dann kamen die Tränen doch noch mal, und ich konnte sie von Herzen in den Arm nehmen.

Auch Wiebke erzählte ich von meinem Treffen mit Klein, als sie wieder mal relativ spät nach Hause kam. „Interessant", sagte sie nur, und ich wusste, sie hatte nur die Hälfte mitbekommen. Frau Vorstand war wieder Frau Vorstand und mit ihren ach so relevanten Problemen beschäftigt. Was waren da schon die Themen des Fußvolks. Vielleicht hatte ich doch zu früh die Fehltrittgeschichte mit ihr in den

Safe gepackt. Aber laut Jens war sie jetzt dadrin, und gut ist.

Noch bevor Wiebke kam, telefonierte ich mit Reiner in Hamburg. Ich hatte nicht vor, mit ihm über Klein zu reden, wollte nur mal hören, wie es so in Hamburg lief. Reiner erzählte von einer neuen Freundin, die er in seinem Fitness-Center kennengelernt hatte. Da sie erst seit zwei Wochen näher zusammen waren, schwebte er in grenzenloser Verliebtheit und hörte gar nicht mehr auf, mir von seiner Eve vorzuschwärmen. Na gut, ich würde in zwei Monaten noch mal nachhaken. „Du bist doch ein kluges Kerlchen, mein Lieber", kam ich nun zum wahren Grund meines Anrufs. „Sag mal, weißt du, woher der Ausspruch: Er leidet wie ein Hund! kommt?" Reiner überlegte kurzund sagte dann: „Soweit ich weiß, lässt sich gerade dieser Spruch nur bedingt zu seinem Ursprung verfolgen. Aber als allgemein gültig wird angenommen, dass dieser Ausspruch noch vom Anfang der Domestizierung

der Hunde kommt. Damals wurden Hunde eher regelmäßig misshandelt und für alles Mögliche missbraucht. Die Hunde konnten ihren Schmerz nicht nur verbal, sondern auch durch ihre Mimik zum Ausdruck bringen. Das wurde dann auf Menschen, die ebenfalls großes Leid zu ertragen hatten, übertragen. Und ja, auch heute werden bei uns immer noch Hunde gequält und misshandelt, wie übrigens Kinder, Frauen und einige Männer auch. Und immer ist die Folge unsägliches Leid. Die alle leiden darunter, eben wie ein Hund leidet und das deutlich zeigt. Eine andere Erklärung fällt mir nicht ein."
„Verstehe gar nicht, wie ich ohne meinen so klugen Freund hier auskomme. Zum Glück gibt es ja Telefon." „Und nicht nur das. Ich hatte vor, im April für ein verlängertes Wochenende zu euch zu kommen. Natürlich nur, wenn es bei euch geht."
„Super", meinte ich, und meinte es sehr ehrlich, „wir alle würden uns riesig freuen. Bringst du Eve dann mit?"

„Wenn es euch recht ist und sie will, dann natürlich sehr gerne." Er muss wirklich sehr verliebt sein, er hatte uns bisher immer nur allein besucht.
Bosse hat übrigens beim Mensch-ärgere-dich-nicht-Spielen nicht mehr wegender Omageschichte nachgehakt, und ich werde sie schön ruhen lassen.
Der Tag wird als guter Tag verbucht, ich war sogar als Erster mit meinen Püppchen im Bahnhof.

Köln, Mitte Februar 1985

Was wären Jens und ich nur ohne Angela Himmel. Für Jens war sie natürlichnoch mal was anderes als für mich, aber auch für mich war sie eine reine Perle. Sie sieht nicht nur klasse aus, tut mit ihrer warmen und wahrhaft charmanten Wesensart meiner Seele so gut und ist wahnsinnig umsichtig. Letzteres schätzte ich besonders heute, denn sie hatte für mich nur vier Anwendungen vereinbart, und mein dicker Kopf war nur dankbar dafür.

Gestern hatte mich Jens in den Kölner Kneipenkarneval eingeführt. Ich hatte ja überhaupt keine Ahnung davon, was Karneval wirklich sein konnte.
Natürlich war auch Alkohol nicht unwichtig, mein dicker Kopf lässt grüßen. Aber da war ja so viel mehr zu erleben, als ich es mir je vorstellen konnte. Nonsensgespräche, die durchaus tiefgründig enden konnten, auch wenn mirmanches wegen des kölschen Dialektes unverständlich blieb, Singen, Umarmungen, sich aufgenommen oder besser noch angenommen fühlen, und einfach auch all die anderen annehmen. Ich kann es gar nicht richtig beschreiben. Sie werden ohnehin schon wissen, was jetzt kommt: Mein Körper badete in Wohlgefühl. Ich kam gegen 2:30 Uhr nach Hause, und ich fühlte mich karnevalsselig. Heute Morgen, und auch jetzt, hat dieses Gefühlmeinem dicken Kopf weichen müssen, die Erinnerung an dieses Erlebnis aber lebt. Wie dankbar bin ich gerade heute, dass

Modder, ok, ab jetzt wieder Modder, sich um Bosse und Emma kümmert, und ich mich noch ein bisschen aufs Sofa kuscheln kann. Ich war gerade eingeschlafen, als das Telefon nicht aufhören wollte zu nerven. Da ich als Klügerer nachzugeben gewohnt war, schleppte ich mich an den Hörer. „Wo warst du denn? Die Himmel sagte mir, du seist zu Hause, und ich ruf nun schon zum dritten Mal an." „Wiebke, meinEngel, auch dir einen wunderschönen Tag", so viel bekam ich noch raus.

„Diesen Scheißtag kannst du dir stecken. Ich brauch dich, ich bin erledigt und glaub mir, es ist so. Ich komm jetzt nach Haus, und bitte bring die Kinderzu Modder, die drei erfahren ohnehin alles früh genug." Aufgelegt. Da muss wirklich was passiert sein. Ihrem Jargon nach zu urteilen, war sie mal wiederin der Ecke. Wiebke kann sich schnell aufregen, dies eben aber war Panik, und Panik sieht ihr gar nicht ähnlich. Meine Alarmglocken schrillten, und siehe da, mein Kopf war sofort wieder klar.

Als sie kam, nahm ich sie als Erstes in die Arme. So blass, so verstört hatte ich sie überhaupt noch nicht gesehen oder erlebt. Und als sie dann in meinen Armen war, da kullerten dann auch sofort die Tränen und eine ganze Zeit konnte sie sich überhaupt nicht beruhigen. Keine Frage, Tränen hatten bei den mich umgebenden Frauen gerade Hochkonjunktur. Wir setzten uns, und nach Streicheln und gut Zureden fing sie dann an zu erzählen. Der Tag habe ganz normal angefangen, und dann habe sie Bescheid bekommen, sie habe um 12.30 einen Termin im Sitzungszimmer mit dem Vorsitzenden des Aufsichtsrats. Es war komisch, aber irgendwie habe sie sich auf den Termin gefreut, sie hatte gute Ergebnisse abgeliefert.

Sitzungszimmer Alligripp

„Als ich dann aber ins Sitzungszimmer

kam, hatte ich sofort das Gefühl, hier stimmt was nicht. Ich kann es kaum erklären, aber ich fühlte mich irgendwie fremd hier. Dabei war das mein Sitzungszimmer. Ich habe dafür gesorgt, dassdie Leinwand automatisch von der Decke gefahren werden konnte. Ich hatte die Idee, dass der Overhead sich in den Tisch versenken ließ, oder dass die Jalousien automatisch rauf- und runtergefahren werden konnten. Ich habe dieDesignerkannen für Kaffee und Tee angeschafft und das dazugehörige Geschirr. Hier hielt ich meine Meetings ab, hier war ich Chefin. Und trotzdem, ich fühlte mich total fremd hier. Dabei sind solche Gefühle doch dein Ding.

Niehus, wie immer im dunklen Anzug, heute aber mit schwarzem Rolli darunter. Sein schütteres Haar war glatt zurückgekämmt. Kein Zweifel, de Herr Aufsichtsratsvorsitzende war eine Respektperson. Und dann fing Niehus an:
„Frau Johansson, kommen Sie rein, nehmen Sie Platz. Sie bedienen sich

mitGetränken, Sie sind hier ja schließlich deutlich mehr zu Haus als ich." „Danke, Herr Niehus. Was kann ich für Sie tun?" „Nun, Frau Johansson, es gibt erfreuliche Termine, Pflichttermine und unerfreuliche Termine. Dies hier ist leider einer der sehr unerfreulichen Termine." „Sie überraschen mich, Herr Niehus. Unsere Zahlen sind doch super, der Deal mit unserem amerikanischen Partner läuft deutlich besser als erwartet, und die Zufriedenheit meiner Mitarbeiter mit mir scheint, mir jedenfalls, eher hoch zu sein. Was ist daran unerfreulich?" „Überhaupt gar nichts, Frau Johansson. Auch wenn ich nicht übermäßig direkt im Tagesgeschäft stecke und die Meinung von Herrn Hiller außen vor lasse, weiß ich natürlich, dass Sie eine ausgesprochen erfolgreiche Vorständin sind. Leider geht es darum aber nicht." Seine Stimme hatte von Beginn an eine ruhige, fast sonore Stimmlage. Jetzt wurde sie noch eine Spur getragener: „Schon Anfang des Jahres habenwir ein

Schreiben eines Ihrer Vorstandskollegen erhalten. Er beschreibt darin, wie er mit eigenen Augen gesehen hat, dass Sie mit Ihrem CEO in eindeutig intimer Pose in dessen Hotelzimmer verschwunden sind. Er schließt daraus, dass Sie ein intimes Verhältnis zu Herrn Hiller unterhalten und Sie ausschließlich aus diesem Grund in der Position sind, in der Sie jetzt sind. Er wirft Ihnen schlicht vor, sich nach oben geschlafen zu haben. Ich habe dieses Schreiben mit meinen Kollegen im Aufsichtsrat besprochen, und wir waren einstimmig der Meinung, da will einer Ihren Kopf, koste es, was es wolle. Wir alle sind davon überzeugt, dass Sie fantastische Arbeit leisten, und da der Kollege Sie ohnehin schon einmal angeschwärzt hatte und ein beiläufiges Gespräch mit Hiller ergeben hat, dass an der ganzen Geschichte nichts dran sei, wollten wir die Sache auf sich beruhen lassen. Wir überlegten schon, den Denunzianten zur Rechenschaft zu ziehen, als mich vor einer Woche der CEO unseres amerikanischen Partners, Steve Carter, anrief. Sein Vertriebschef war am besagten Abend mit Eichner zusammen, und dieser bestätigt jetzt dessen Anschuldigungen. Die Amerikaner können bei all ihrer Aufgeschlossenheit ungeheuer prüde sein. Carter fragte mich, was wir denn in diesem Fall von Protektionismus unternehmen wollten. Schließlich würde doch unser und eventuell sogar ihr guter Ruf auf dem Spiel stehen. Eine Frau im Vorstand, die sich hochgeschlafen habe, in Amerika ein absolutes No-Go. Er sei etwas besorgt über unser Stillhalten, denn von seinem Vertriebschef hätte er erfahren, dass Eichner noch keine Reaktion auf sein Schreiben an uns erhalten habe. Sie müssen wissen, Frau Johansson, Steve Carter ist 100-prozentiger Republikaner. Familie, Treue, inklusive Ablehnung von Verhütungoder erst recht Abtreibung, alles nicht diskutierbare Themen. Ich bin ja selberKonservativer, aber bei ihm komme ich mir vor, als wäre ich eine ganz linke Socke. Wir haben keine Chance, wenn wir unseren Deal mit Carter nicht gefährden wollen. Und den wollen wir auf gar keinen Fall gefährden. Ich habegerade eben mit Hiller gesprochen. Er gibt jetzt zu, dass da tatsächlich bei Ihrem USA-Besuch ein Ausrutscher passiert ist. Mich gehen Ihre und seine privaten Dinge nun wirklich nichts an. Aber das ist nun mal leider nichts Privates mehr. Verstehen Sie das, Frau Johansson?" „Ist es noch wichtig, dass ich das verstehe?" „Für die rein technische Abwicklung der Geschichte natürlich nicht. Mich würde es aber als Mensch, der Sie schätzt, interessieren." „Ach Herr Niehus, ich bin im Moment zu geschockt, um überhaupt klar denken und fühlen zu können, denn natürlich weiß ich, was jetzt kommt." „Verstehe! Wir haben uns im Aufsichtsrat darauf einigen können, Ihnen den Abgang so leicht wie möglich zu machen. Fest steht in jedem Fall, dass wir Ihren Vertrag im nächsten Jahr nicht verlängern. Wir wollen, übrigens nicht nur in unserem Interesse, möglichst kein Aufsehen mit dieser unschönen Geschichte erregen. Wir bieten Ihnen an, dass Sie sich wegen gesundheitlicher Probleme umgehend freistellen lassen. Sie erhalten für das abgelaufene Jahr Ihre zugesagte Tantieme und bis zum Vertragsende Ihr Gehalt. Bis dahin können Sie Ihren Firmenwagen nutzen. Sie können auch früher aussteigen, wir zahlen Ihnen dann die noch fälligen Gehälter in einer Summe, den Wagen müssten Sie allerdings dann abgeben. Sie sind Profi genug und kennen Ihren Vertrag und alles, was die Geheimhaltung, auch nach Ende des Vertrages, betrifft. Ich hoffe, Sie verstehen dieses Angebot als das, was es ist, nämlich als Ausdruck unserer Wertschätzung für Sie!"

Zurück im Wohnzimmer

„Ausdruck ihrer Wertschätzung! Sie schätzen mich so viel wert, dass sie mich vor die Tür setzen, meine Karriere zerstören, mich zur Witzfigur in der gesamten Branche machen. Die Frau im Vorstand schafft es halt doch nicht, lange Beine allein machen es eben nicht, und – und – und!

Tom, ich bin erledigt, verbrannt, vielleicht noch als Klofrau zu gebrauchen."

„Ich versteh ja deine Verzweiflung, Süße. Aber das Angebot an sich ist doch zweifellos erste Sahne." „Mensch Tom. Kurzfristig hält es uns gut über Wasser. Aber was dann? Wir werden uns niemals mehr das alles hier erlauben können. Als Vorstand verbrannt, darunter dann überqualifiziert und eben auch nicht zu gebrauchen. Vielleicht ein kurzfristiger Job beim Wettbewerber, aber nur, um durch mich an Interna von Alligripp zu kommen. Danach war es es dann, und Alligripp verklagt mich danach genau wegen Geheimnisverrat. Nein Tom, es ist alles nur Scheiße, ich bin wirklich erledigt, und unsere heile Welt hier auch." „Heile Welt hängt nicht vom Haus, Grundstück und Snobviertel ab!" „Egal, in Köln gibt's jedenfalls für uns nichtsmehr zu holen. Auf der Fahrt hierher hab ich mir überlegt, ob ich nicht für einpaar Tage zu Dörte nach Hamburg fahre. Ich würde gern am Mittwoch vor dem Faschingstrubel fahren." „Karneval!" „Was meinst du?" „Hier in Köln heißt es nicht Fasching, sondern Karneval. Das solltest du nach zwei Jahren Köln eigentlich wissen." „Ist mir doch scheißegal, wie das hier heißt.

Jedenfalls bin ich ja freigestellt, und Dörte würde sich bestimmt freuen, ihre alte Freundin wiederzusehen. Außerdem hat sie jede Menge Kontakte in Hamburg. Du hättest doch kein Problem damit, wenn ich fahre, oder?" „Wiebke kaum am Boden, schon wieder auf den Beinen. Klar kannst du Dörte besuchen, um dann möglichst schnell wieder in die gleiche Tretmühle zu kommen, mit der jetzt grade mal Schluss ist." „Quatsch, Tretmühle. Diese Drecksau von Eichner hat mir das Leben zur Hölle gemacht und mich jetzt auf die mieseste aller Arten in den Dreck gezogen und erledigt. Diese Ratte hat mich auf dem Gewissen, nicht die Arbeit." „Meine Süße, immer gut, einenrichtigen Schuldigen zu haben." „Was soll das denn heißen? Verteidigst du jetzt etwa diesen Wichser?" „Quatsch. Natürlich ist er der mieseste Kollege, den man nur haben kann. Aber es dürfte doch wohl unter deinem Niveau sein, für diese Scheiße jetzt nur den Eichner verantwortlich zu machen." „Ja, wen denn sonst? Hiller hat sich für mich eingesetzt und Niehus musste aus Rücksicht auf den Deal mit den Amerikanern so handeln." Konnte ich jetzt mitder Wahrheit kommen, oder war Rücksicht nehmen jetzt wichtiger? Aber Wiebke war ein harter Brocken, die Wahrheit musste jetzt raus. Also guckte ich ihr tief in ihre Augen und begann: „Es muss wohl am erlittenen Schock liegen, dass du das nicht kapierst. Meine liebe Wiebke, wer war denn so dämlich, in einem Hotel, in dem auch noch der wohnt, der alles dafür tun

würde, dir den Garaus zu machen, selig knutschend mit seinem Chef in dessen Zimmer zu verschwinden? Wer sagt denn immer, tu, was du willst, aber übernimm dann gefälligst auch die Verantwortung, wenn es schiefgeht und rauskommt, was du angestellt hast? Du erinnerst dich vielleicht, schon bei deinem Mann ist rausgekommen, was du angestellt hast. Die Konsequenzen für dich waren bei mir allerdings nur pille palle. OK, die Sache liegt im Safe, wie versprochen. Nun kommt die Geschichte an anderer Seite hoch, mit der keiner gerechnet hat. Jetzt sind die Konsequenzen bitter. Klar sind sie das, aber jemand wie du sollte jetzt auch dazu stehen. Bei allem Schock, aber du solltest nun wirklich nicht den Schuldigen woanders suchen. Meine Süße, dieHauptschuldigen in diesem Fall, das sind Hiller und du selbst."
„Meinst du das wirklich ernst? Ich hab die ganze Schuld, und die anderen sind fein raus?" „Keine Ahnung, ob Hiller auch was passiert. Glaube aber eher

nicht. Die Frau ist die Verführerin, der Mann nur der Verführte, so dürften die US-Republikaner ticken, und auf die scheint es ja anzukommen. Ist aber auchegal. Du hast mit deinem Chef gevögelt, ihr wurdet erwischt und Onkel Sam sagt, geht nicht, mit der Konsequenz raus mit ihr. So ist das Leben. Als Vorstand solltest du doch als Erste dafür Verständnis haben. Und jetzt zu Dörte." „Du willst nicht, dass ich fahre. Stimmt's?" „Nicht ganz. Wenn du eine Auszeit mit Dörte brauchst, kein Problem. Wenn du den Besuch nutzen willst, um in Hamburg einen neuen Job zu kriegen, dann musst du wissen, ohne mich." „Bist du verrückt? Du kannst doch nicht hierbleiben, wenn ich in Hamburg eine neue Chance kriege? Köln ist für mich gestorben. Und du trauerst doch um deinen FC St. Pauli?" „Jetzt hör mir bitte genau zu, meine Süße, und bitte unterbrich mich nicht. Ich habe mir hier, ohne dass du das höchstwahrscheinlich mitbekommen hast, etwas aufgebaut, was mir viel bedeutet. Ich habe einen Geschäftspartner, der mein Freund geworden ist, mit einer Mannschaft, die mir viel bedeutet. Außerdem gefällt es mir in Köln, erst recht ohne Villa und Gedöns drumherum. Ich werde in jedem Fall in Köln bleiben. Und nun zu deiner Dörte-Fahrt. Es wird dich überraschen, aber auch ich habe über die tollen Tage bis Aschermittwoch, und sogar noch bis zum Wochenende, keine Patienten. Statt dem Hamburg-Trip und Überlegungen, welcher Job als nächstes kommt, nutz die Zeit und buche für fünf Personen ein saugeiles Hotel für diese Tage. Egal wo, Hauptsache schön. Und dann machst du mal was ganz anderes, nämlich einen auf Familie. Du spielst mit Bosse und Emma, sprichst mit deinem Mann über alles, nur nicht über Zukunft, unternimmst was mit deiner Schwiegermutter und bist einfach nur Mutter, Ehefrau und Schwiegertochter. Ich weiß, was völlig Neues für dich, vielleicht gefällt es dir ja sogar." „Macht es Spaß, wenn eine am Boden liegt, auch noch mal zuzutreten?" „Hör auf mit deinem Selbstmitleid. Es ist, wie es ist, und für deinen goldenen Abschied bin ich der Alligripp dankbarer als für alles, was sie vorher für dich gemacht hat." Wiebke stand auf. „Ich muss das alles jetzt verdauen. Du bist ganz schön widerlich und brutal zu mir, mein Mann, der Oberrichter. Ich muss raus aus diesem Gerichtssaal." Dann setzte sie sich in ihren Wagen und donnerte los. Ich weiß, sie wird jetzt mindestens zwei Stunden durch die Gegend fahren und so ihren Stress abbauen. Jeder hat so seine eigenen Methoden. War ich zu hart zu ihr? Hätte ich einfühlsamer sein müssen? Nein, so viel habe ich im Zusammenleben mit Wiebke gelernt, wenn sie nicht direkt auf das hingewiesen wird, was sie zu verantworten hat, hat immer ein anderer die Schuld. Und wenn sie sich das erstmal eingeredet hat, dann bleibt sie auch dabei. Nein, ich muss sie direkt konfrontieren, auch wenn es weh tut.

Und die direkte Konfrontation hat gewirkt.

Auch wenn es kaum zu glauben ist, es wurde so gemacht, wie ich es vorgeschlagen habe. Wiebke buchte für uns ein Wellnesshotel mit allem Luxus in Südtirol. Modder sorgte dafür, dass Marina Mokka versorgte, und so konnte auch sie ruhigen Gewissens mitkommen. Bosse und Emma waren in den ersten beiden Tagen aus dem Wellnessbereich gar nicht wegzubekommen. Auch uns Erwachsenen bekamen das Schwimmen, das Saunieren und die angebotenen Massagen außerordentlich gut.

Am dritten Tag machten wir dann eine Wanderung durch herrliche Weinberge. Die Bewegung bewirkte Wunder in Körper und Seele, die fantastischen vier Gänge jedenAbend machten sich aber trotz der Bewegung bereits in unseren Figuren bemerkbar. Bei dieser Wanderung, Bosse und Emma waren in der Kinderbetreuung, war dann auch irgendwann unsere Zukunft Thema. Klar, das Haus musste verkauft werden. Das würde sicher leichte Verluste mit sich bringen, würde aber vertretbar sein. Wir würden genug Substanz behalten, um etwas Kleineres Neues zu kaufen.

Wiebke hatte ja jetzt Zeit, sich nach einem neuen Zuhause umzuschauen, und das sogar ohne jeden Druck. Den Gärtner brauchten wir natürlich nicht mehr, Marina vielleicht noch einmal die Woche. Auch das hatte noch Zeit.

Wiebke kam dann auf die Idee, in Köln eine Versicherungsagentur aufzumachen. Natürlich nicht für die Alligripp, aber Versicherungen gab es ja genug. „Bist du dir wirklich sicher, dass du abends bei irgendwelchen Leutenim Wohnzimmer sitzt und denen eine Lebensversicherung andrehen willst?", fragte ich. Bei diesen Überlegungen mussten wir gerade eine erhebliche Steigung absolvieren, die besonders Modder an ihre Leistungsgrenze brachte. „Das wird dann genauso anstrengend wie dieser Anstieg", ergänzte ich. „Warte ab, mein Lieber. Du behauptest zwar, ich sei weder Mutter, Ehefrau noch Schwiegertochter. Der Stachel sitzt noch tief, mein lieber Tommy. Aber du kennst deine Frau immer noch nicht. Ich werde es denen beiAlligripp noch mal zeigen, was Wiebke Johansson zu leisten in der Lage ist. Und Anstrengung ist meistens lohnend. Nimm nur diesen Anstieg, ist der Blick von hier oben nicht superschön?" Ja, sie hatte Recht. In der Ferne die schneebedeckten Berge, die ineinander verschmolzen und ein herrliches Panorama abgaben. Die Rebstöcke, auch wenn sie jetzt kahl waren, wie an einer Schnur aufgezogen, beherrschten sie fast unüberschaubar den Blick insTal hinunter. So standen wir drei hier oben und ließen unsere Gedanken einfach frei schweben, und wir genossen diese herrliche Natur und unser Zusammensein. Wir wanderten schweigend zum Hotel zurück. Dieser

Kurzurlaub war genau das, was wir in unserer Situation brauchten. Die Kinder spürten, es herrscht Harmonie in der Familie, und genau diese Harmonie, die war auch für Modder, Wiebke und für mich genau das, was wir brauchten, auch wenn ich ein gemeines Arschloch war, welchen Vorwurf Wiebke übrigens nie mehr wiederholte, allerdings auch nie zurücknahm.

Bei allem, was ich an meiner süßen Wiebke auch auszusetzen habe, sie ist meine große Liebe. Zweifelsohne genieße ich es unheimlich, dass ich mich um viele Themen, um die sich andere Männer kümmern müssen, nicht kümmern muss. So gründete Wiebke mit Modder eine Arbeitsgemeinschaft. Die beiden Frauen, die sich so ähnlich sind, legten so richtig los. Erste Aufgabe: Verkauf der Villa. Sie kontaktierten einige Makler und suchten dannden aus, der gleichzeitig auch nach einem neuen Zuhause für uns Ausschauhielt. Das musste natürlich etwas Erschwingliches sein. Dann sprachen sie mit Marina und reduzierten ihre Arbeitszeit auf einen Tag. Danach dann die Kündigung des Gärtners. Und Wiebke bezog Modder sogar in ihre Überlegungen für ihren neuen Job mit ein. Ich wäre da doch nur störend, zumindest aber Bedenkenträger, und den wollten beide nicht in ihrer Arbeitsgemeinschaft haben. Beide schienen sich noch mal neu gefunden zuhaben. Bosse, Emma und ich wurden allenfalls gefragt, ob wir etwas gegen ihre Entscheidungen einzuwenden hätten. Wir hatten nie und Mokka ohnehinnicht.

Vor dem zweiten Gespräch mit Klein

Köln, Ende März 1985

„Klein hier, grüße Sie, Herr Johansson." „Hallo, Herr Klein, schön, dass Sie sich melden." „Viel zu spät, ich weiß. Sie kennen das bestimmt, es gibt immer etwas, was dann so dringend erledigt werden will, dass ich das, was mir wichtigist, wieder nach hinten verschiebe. Und der Termin mit Ihnen ist mir durchaus wichtig. Wie flexibel sind Sie denn?" „In dieser Woche habe ich keine Termine am Abend, die sich nicht verschieben ließen. Also sehr flexibel." „Super! Ein Klient hat seinen Termin für morgen Abend verschoben, sodass ich den Abend frei hätte. Wenn Sie einverstanden sind, kommen Sie doch gegen 18 Uhr zu mir ins Büro. Wir haben genügend Zeit und keine Zuhörer. Wir können dann alles in Ruhe besprechen. Unser leibliches Wohl werde ich zu berücksichtigen wissen. Wäre Ihnen das recht?" „Klasse. Bin um 18 Uhr bei Ihnen."

Ich muss zugeben, dass ich ziemlich erleichtert darüber war, dass Klein nun endlich unseren zweiten Termin fix gemacht hat. Mir gegenüber eingestanden hatte ich es aber bislang nicht. Zunächst meinte ich, es wäre mir völlig egal, ob wir überhaupt einen weiteren Termin hätten. Dann merkte ich, dass ich immer unruhiger wurde, als er nicht anrief. Ich selber wollte auf gar keinen Fall anrufen, immerhin hatte er gesagt, dass er den nächsten Termin vereinbaren wollte. Nun also schon morgen Abend.

Bis gestern konnten wir hier schon den Frühling fühlen, ab heute schien aber der Winter noch mal klarstellen zu wollen, dass er sich noch keineswegs geschlagen geben würde. Dies soll morgen mit Schneeregen bekräftigt werden. Diesmal zog ich die Pollerwiesen als Vorbereitungsstätte auf unser Gespräch lieber nicht in Betracht. Soll doch mein Bauch morgen entscheiden!

Mein Bauch entschied dann auch. Der Arbeitstag endete wieder kurz nach 15 Uhr. Eine leichte Nervosität, die mich letztlich den ganzen Tag begleitete, konnte ich nicht leugnen. Jetzt, knapp drei Stunden vor dem Termin, wurde sie noch schlimmer. Keine Frage, es war jetzt höchste Zeit, mir über ein paar Dinge Klarheit zu verschaffen. Der Wetterbericht hatte sich nicht getäuscht, es gab tatsächlich noch einmal Schneeregen. Also wohin? Wie ich schon einmal erwähnte, habe ich mit Kirche nichts am Hut. Kaum zu glauben, aber es zog mich tatsächlich zum Dom. Trotz der Touristen dort, die einfach immer da sein würden, fände ich dort die Ruhe, die ich jetzt unbedingt brauchte. Mein erster und gleichzeitig letzter Besuch des Doms war gleich zu Anfang unserer Kölner Zeit, als ich mit Bosse und Emma hier war. Vielleicht lag es anmeiner Stimmung, aber als ich durch die mächtigen Bronzetüren den Dom betrat, war ich tatsächlich überwältigt von der majestätischen Atmosphäre dieses gewaltigen Bauwerks. Ich suchte mir direkt unter dem Mittelschiff einen Platz. Allein die Höhe von diesem Mittelschiff war beeindruckend.

Zuerst dachte ich, wie furchtbar düster der Dom wäre. Als ich dann aber etwas angekommen war, konnte ich mich dem fast magischen Eindruck dieses monumentalen Bauwerks nicht entziehen. Die hohen gotischen Bögen gaben mir das Gefühl von der unendlichen Größe und Erhabenheit dieses Raums. Und statt es düster zu finden, bewirkten jetzt die bunten Fenster, dass ich mich tatsächlich in farbenfrohes Licht getaucht fühlte. Wie musste es erst leuchten, wenn statt Schneeregen Sonnenlicht in die Fenster strahlen würde. Ja, ich fühlte etwas, was ich als spirituell bezeichnen würde. Auch wenn ich keine Sekunde daran glauben würde, dass die Gebeine der Heiligen drei Könige im Schrein des Hochaltars liegen, beeindruckte mich dieser Altar tief, genauso wie die wahnsinnig große Orgel. Was für ein wundervoller Ort für meine Vorbereitung. Dieses atemberaubende Bauwerk hat mir meine Nervosität total genommen. Ich war völlig ruhig und fühlte mich, ohne Übertreibung, irgendwie getragen.

Und in dieser Stimmung war sie dann sofort präsent, die Frage, vor der ich mich bislang gedrückt hatte. Will ich wirklich wissen, wo mein Vater begrabenist? Will ich seine neue Familie kennenlernen, die ja viel, viel mehr seine Familie ist als Modder und ich? Brauche ich einen Helden als Vater?

Brauche ich überhaupt einen Vater? Will denn nicht jeder Mensch wissen,woher er kommt, welche Wurzeln er hat?

Klein hatte in unserem ersten Gespräch die positiven Eigenschaften meines Erzeugers ganz deutlich hervorgehoben. Wer will denn nicht so einen tollen Vater haben? Gemessen daran, müssten sich im Grunde all meine Fragen von selber beantworten. Die Antwort konnte doch nur „Ja" lauten. Warum dann die Zweifel? Weil, selbst wenn diese mir geschilderten Charaktereigenschaften stimmen sollten, das, was ich sonst von ihm hörte,mir überhaupt nicht gefiel. Musste ich mich wirklich mit einem Vater beschäftigen, der glühender Nazi war? Der, wenn ich es richtig verstanden hatte, keine Bedenken hatte, Menschen

zu bedrohen, zu erpressen oder zu bestechen, wenn er dafür die richtigen Informationen erhielt? Im Allgemeinen heißt es, man kann sich seinen Vater nicht aussuchen. Vielleicht war es meiner spirituellen Stimmung zuzuschreiben, aber ich fühlte mich total erleichtert. Nein, meinen Erzeuger habe ich mir nicht aussuchen können, aber ob ich den auch zum Vater haben will, das konnte ich schon. Ich warte ab, was ich gleich zu hören bekommen würde. Die Grundlage für eine Entscheidung aber war gelegt.
Mit einem Gefühl der Dankbarkeit stieß ich die schweren Bronzetüren auf. Der Schneeregen hatte aufgehört, trotzdem war es unangenehm nasskalt. Zum Büro von Klein waren es keine zehn Minuten zu Fuß, das war auch bei diesem Wetter kein Problem.

Zweites Gespräch mit Herrn Klein

Wie nicht anders zu erwarten, sein Büro war standesgemäß. Es lag im zweiten

Stock eines Geschäftshauses. Schon vor dem Empfang lag ein wertvoller Teppich, Möbel und Bilder, alles noch eine Spur anspruchsvollerals in unserer Villa Ambiente.

Klein empfing mich persönlich, er war tatsächlich allein im Büro. Er hatte bei einem Delikatessenladen kalte Platten bestellt. Das andere war, wie ich zwischenzeitlich gelernt hatte, in Köln unumgänglich, das Kölsch im Kühlschrank. Der Termin fing schon mal richtig gut an. Wir hielten uns nichtlange mit Smalltalk auf. Klein kam schnell zur Sache.

„Ich hatte es schon am Ende unseres letzten Gespräches erwähnt, Herr Johansson, was ich Ihnen gleich erzählen werde, ist bis heute geheim. Klar, Bonn, unsere Bundeshauptstadt, ist ein Dorf, und die Journalisten sitzen denPolitikern auf dem Schoß. Es gibt ansatzweise Gerüchte über das, was ich Ihnen erzählen werde. Es sind aber eben nur Gerüchte, und selbst die sind meilenweit vom wirklichen Geschehen entfernt. Ich muss Sie bitten, mir zu versprechen, dass Sie das, was Sie gleich hören werden, dass Sie das nur für sich behalten. Bitte nichts davon an Ihre Familie, Freunde oder sonst jemanden weitergeben. Vielleicht vertraue ich Ihnen ja nur, weil Sie der Sohnmeines besten Freundes sind. Egal, wenn Sie mir Vertraulichkeit versprechen, werden Sie alles erfahren." „Sie hatten es ja angekündigt und ich hatte Zeit, es mir zu überlegen. Genau das habe ich getan, und deshalb kann ich Ihnen aufrichtig sagen, ja, ich verspreche es Ihnen." „Sehr schön. Sie langen bei den Platten zu, versorgen uns bitte mit flüssigem Brot, unddann fange ich da an, wo ich letztes Mal aufgehört habe. Uns, also der Organisation Gehlen, lag sehr viel daran, Adenauer zugeordnet zu werden. Die CIA ließ uns zwar nicht ganz unkontrolliert, aber was sie nicht wissen sollte, das erfuhr sie auch nicht. Wie schon bei den Amis, war auch unter Adenauer unsere Aufgabe, für die

Beschaffung wichtiger Informationen aus dem Ausland zu sorgen. Der Glücksfall für Deutschland und für uns war, dass der Bundeskanzler Konrad Adenauer hieß. Ich werde die Personen, die ohnehin der Öffentlichkeit bekannt sind, mit Namen nennen. Gehlen habe ich ja schon erwähnt, aber unsere Mitarbeiter werde ich nur beim Vornamen nennen.

Adenauer hatte ein klares Feindbild. Feinde waren alle Länder im Osten, dazu alles, was sich links von der CDU bewegte. Kanzleramtsminister von Adenauer war Hans Globke, ein alter Kamerad von uns. Er war im Reich zwar Beamter, deshalb hatten wir zu Kriegszeiten direkt nichts miteinander zu tun. Er war derjenige, der den Kommentar zu den Rassegesetzen verfasst hatte, letztlich wichtige Grundlage für die Wannseekonferenz. Der gemeinsame Stallgeruch des Dritten Reiches half natürlich sehr für die Zusammenarbeit. Sie sehen, lieber Herr Johansson, ich spreche hier ganz offen zu Ihnen, ohne Schnörkel oder Rücksicht darauf, was sonst nicht so gesagt werden darf. Ihr Vater hätte es auch so gewollt." „Ich bin ganz Ohr, lieber Herr Klein. Bitte keine Schnörkel, ich habe ja Vertraulichkeit zugesichert", entgegnete ich. Und Klein fuhr fort: „Schnell wurde klar, dass Adenauer und Globke unsere Arbeit nicht nur in der Beschaffung von Informationen aus dem Ausland sahen. Ihr Vater, ich nenne ihn wieder Bruno, war deshalb häufig in Bonn. Wir brauchten Kontakte in die linke Szene, sprich vor allem zur SPD. Für Adenauer und Globke, und damit auch für uns, war klar, dass alles, was links von der CDU angesiedelt war, einen direkten Draht nach Moskau unterhielt. Da mussten wir also ran. Bruno befasste sich mit unseren Mitarbeitern, die hier im Rheinland tätig waren, und so freundete er sich mit Siegfried Z. an. Z war 1948 unserer Organisation beigetreten. Letztlich war er ein kleines Licht. Er hatte aber eine Vita, die Bruno sofort als die richtige für uns erkannte. Z war im Widerstand gegen Hitler und Mitglied der SPD. Z liebte das Leben, und dazu gehörten durchaus auch leichte Mädchen. Besser ging es nicht für Bruno. Gehlen war erst nicht begeistert darüber, dass Bruno Geld in Z investierte. Bruno hatte aber längst eine Stellung in unserer Organisation, in der er diese Einwände Gehlens beiseiteschieben konnte. Es war Ende 1951, als Bruno Z instrumentalisierte.

Ich hatte Ihnen ja von den sehr positiven Eigenschaften Ihres Vaters im letzten Gespräch bereits einiges erzählt. Er konnte sich sehr geschliffen undsehr gewählt ausdrücken. Wenn es aber darauf ankam, konnte er auch durchaus sehr rüde, manchmal sogar sehr autoritär, auftreten." „Dann hätte meine Frau als seine Tochter besser gepasst, als ich, als Sohn. Meine Frau beherrscht nämlich diese konträre Ausdrucksweise ebenfalls perfekt", konnteich mir nicht verkneifen einzuwerfen. „Na gut, Sie werden sehen, wie gut Ihr Vater war. Ich schildere Ihnen mal das außerordentlich wichtige Gespräch zwischen Bruno und Siegfried Z, der Anfang einer riesengroßen Geschichte":

Bonn, Ende November 1951

„Na, Siegfried, alles im grünen Bereich?" „Klar, Bruno. Hast du meine Infos an Pullach weitergegeben?" „Natürlich habe ich das. Aber das ist auch genau der Grund, warum ich mit dir sprechen wollte. Und ich denke, ich leg dann mal gleich los. Du weißt, Siegfried, ich mag dich, und deshalb war ich auch sehr großzügig dir gegenüber. Aber mit Mögen allein ist in unserem Job wenig getan. Pullach droht mir mit dem Finger, denn deine Infos können sie angeblich auch in der linken Schmonzette Spiegel nachlesen. Siegfried, das genügt nicht mehr. Deine Berichte von irgendeiner Sitzung deines Kreisverbandes interessieren keine Socke. Du bist zwar Kreisvorsitzender

in Starnberg, aber das nutzt uns als Infoquelle gleich null. Wir bedienen mit unseren Informationen die ganz Großen in Bonn. Die interessiert Starnberg nicht die Bohne. Und nicht nur deshalb, weil dort die CSU regiert. Wir brauchen die brisanten Infos von der Bundes-SPD."
„Aber Bruno, das haut mich jetzt aber um. Du weißt doch genau, dass ich zu den Großen in meiner Partei gar keinen Draht habe?" „Das ist ja das Problem bei dir. Mensch, du bist doch seit 48 wieder aktiv in der Partei. Du brauchst jetzt dringend einen Kontakt nach ganz oben. Du bist so was von unverdächtig, und du musst jetztnur die richtigen Knöpfe drücken." „Du hast gut reden, Bruno. Was für Knöpfe und bei wem?" „Ich hoffe, mein Lieber, du stellst dich bei deinen Frauen geschickter an. Aber schließlich hast du mich. Ich habe mich ein bisschen schlau gemacht bei deinen Genossen. Wichtig ist für uns der Vorstand der SPD. Ich hab die alle, so ich konnte, gecheckt. Leider konnte ich bei keinem von denen so richtig dunkle

Seiten rauskriegen, mit denen man sie erpressenkönnte. Selbst schmieren wäre bei diesen Linken ein großes Risiko. Wir müssen einen finden, der uns richtig wichtige Infos liefert, und der trotzdem aufrichtiger Genosse bleibt."
„Sei mir nicht bös, aber Bruno, du spinnst. Kein aufrechter Sozialdemokrat gibt der Organisation Gehlen geheime Infos. Und von denen im Vorstand schon erst recht keiner. Schmink dir das ab."

„Siegfried, genau das ist dein Problem. Das Unmögliche möglich machen, genau das ist unsere Aufgabe. Du wirst es lernen, mein Lieber. Glaube mir, du wirst mir alles liefern, was die SPD so an Infos zu bieten hat." „Das höre ich in dieser Form aber zum ersten Mal. Du hast doch bislang immer nur von allgemeinen Infos gesprochen. Ich kann doch nicht meine eigene Partei verraten, und die im Vorstand, wie schon gesagt, doch erst recht nicht."
„Siegfried, Siegfried, du enttäuscht mich. Du arbeitest für die Organisation

Gehlen, nicht für die evangelische Kirche." „Ich bin katholisch." „Witzig. Du arbeitest für diese Bundesregierung. Wie du zweifelsohne weißt, haben unsere Bürger zum Glück die CDU gewählt und nicht die SPD." „Ja, mit einerganzen Stimme Mehrheit." „Gut, Siegfried, wenn dir das alles nicht passt, dann lass dich am besten bei deiner Partei anstellen. Dieser Kanzler sorgt dafür, dass es dir so gut geht, und dir geht es im Moment wirklich gut. Ob duallerdings bei deiner SPD wiedergewählt wirst, wenn dein katholischer Wahlkreis erfährt, mit wie vielen Nutten du hier dein und unser Geld verschwendet hast, steht wohl in den Sternen. Frage ist überhaupt, ob du dein schönes Haus am Pilsensee dann noch halten kannst." „Bruno, so was nennt man gemeinhin Erpressung!" „So was nennt man gemeinhin letzte Chance. Damit du den Ernst der Lage auch wirklich kapierst, jetzt in Reinschrift, was letzte Chance für dich bedeutet. Du hast genau so lange Zeit zu überlegen, für welches Lager du dich entscheiden willst, bis ich mein Bier ausgetrunken habe. Höre ich jetzt nichts anderes von dir als deinen Treueschwur zur SPD, dann war es das, mein Lieber. Auf dein Wohl." „Du weißt genau, dass ich gar keine Wahl habe. Und du weißt genau, je länger und intensiver ich für dich arbeite, desto weniger werde ich da je wieder rauskommen." „Ich wusste doch, du hast Verstand, mein lieber Siegfried. Genau so ist es. Je länger du bei uns bist, desto fester bist du es. Aber eines will ich dir, bevor wir ans Eingemachte kommen, dann doch noch sagen. Wenn du nur unter Zwang bei uns bleibst, hast du keine Zukunft bei uns. Wirbrauchen Leute, die für uns brennen, die aus Überzeugung brennen. Wenn du nur bei uns bleibst, weil du keine andere Alternative hast, dann lass uns lieber jetzt Schluss machen." „Hab ich kapiert, Bruno! Also gut. Du hast was ausgekundschaftet, und ich soll was machen. Was?" „Der einzig wackelige Kandidat im Parteivorstand heißt lustiger weise auch Siegfried. Siegfried O. ist, und jetzt pass gut auf, im Parteivorstand dafür zuständig, die kommunistische Unterwanderung der Partei zu verhindern. Diesen Hüter vor Verrat, diesen Hüter wirst du zum Verrat bringen." „Ich glaube immer noch, dass du spinnst. Aber bitte. Wie, meinst du, soll ich das hinkriegen?" „Indem du dich nicht dümmer anstellst, als du bist. Du bist Genosse, sogar Kreisvorsitzender, und du wirst versuchen, in den bayerischen Landtag zu kommen. Du baust einen direkten Kontakt zu deinem Namensvetter Siegfried auf. SPD ist euer erstes gemeinsames Thema, deine Kandidatur, deine Arbeit als Kreisvorstand. Dann gehst du ganz behutsam vor und erwirbst sein Vertrauen. Was du dafür brauchst und nicht hast, das bekommst du von mir. Ich weiß, dass du Menschen fangen kannst, du wirst ihn fangen. Vorsichtig, aber stetig, wirst du ihm von deiner

Angst vor den Kommunisten in eurer Partei erzählen. Wehner, der Erzkommunist, der doch nur einen Schafspelz trägt und Wolf geblieben ist, Otto Lenz, Josef Müller, wenn die an die Macht kommen, werden wir sofort der DDR angehängt."

„Mensch, Bruno, das waren alles Kämpfer im Widerstand gegen Hitler. Die drei wurden verfolgt, wären von den Nazis eiskalt gekillt worden, wenn sie nicht geflohen wären."

„Kapier endlich, Siegfried. Mach ihm Angst vor diesen Linken. Ich weiß ja, dass du und Siegfried O. auch im Widerstand waren, übrigens noch ein toller Anknüpfungspunkt für dich. Aber was ich von O. weiß, das ist, dass er ständig Angst vor einer neuen Diktatur hat. Deshalb sein Posten. Mach ihm Angst vor den Linken in seiner Partei, mach ihm Angst mit der DDR. Du hast hoffentlich so viel Verstand und Gespür, dass du dieses Gift ganz langsam bei ihm einträufelst. Frauen und Geld würden viel, viel schneller gehen. Damit

dürften wir bei ihm, wie bei den anderen Vorständen, aber keinen Erfolg haben. Der Weg ist Angst. Es wird länger dauern, aber sehr, sehr nachhaltig sein. Mensch Siegfried, das ist auch für dich eine riesengroße Chance. Wenndu das hinkriegst, und versprochen, du kriegst meine ganze Unterstützung, bist du bei uns die große Nummer. Verstanden?"
„Ja, verstanden. Und du hilfst mir auch wirklich? Denn im Moment fällt mir noch nichts ein, wie ich das Umsetzen könnte, was du von mir erwartest." „Ich würde es liebend gern selber machen, Siegfried,nur würde O. mir nicht vertrauen. Glaub mir, ich spüre genau, dass O. der Richtige ist und du auch."

Zurück im Büro Klein

„Sie sehen an diesem Beispiel, Herr Johansson, das ich natürlich ganz bewusst gewählt habe, welche Klaviatur Ihr Vater zu nutzen wusste. Er stimmte diese Klaviatur stets auf sein Gegenüber ab, darin war er einfach ein

Meister. Z war nicht der, den Bruno sich gewünscht hatte für seinen Plan. Er war aber von allen anderen immer noch der Beste, und er wollte ihn zum Allerbesten machen. „Allein mit seinen Weibergeschichten und seiner Angst davor, dass sie bekannt werden, werde ich ihn nicht dahin bekommen, wo er hin muss. Ich muss ihn wirklich dahin kriegen, dass er für unsere Sache brennt", sagte Bruno mir nach seinem Gespräch mit Z. Aber dieses Gespräch mit Z wurde dann in der Tat zur Initialzündung einer ganz großen Sache." „Kann ich kurz was fragen?", warf ich ein. „Klar doch, immer. Obwohl ich sagen muss, wenn ich so richtig in die Vergangenheit abtauchen soll, holt mich natürlich jede Unterbrechung wieder zurück in die Gegenwart. Aber da wir gerade unterbrechen, Sie haben ja noch gar nichts von der kalten Platte gegessen. Der Lieferant dieser Gaumenfreuden hat für mich nicht nur den besten Delikatessenladen in ganz Köln, der Chef macht aus diesen

Delikatessen wahren Genuss." „In der Tat", erwiderte ich, „sieht sehr verlockend aus." „Sieht nicht nur so aus. Zum Beispiel das Tatar! Meine Frau und der Chef unseres Stammrestaurants, wie oft haben sie probiert, ein solches Tatar hinzubekommen. Es ist ihnen nicht gelungen. Im Grunde ja nur rohes Fleisch, aber der Frank macht daraus eine wahrhafte Komposition aus Gewürzen und sonstigen, von ihm geheim gehaltenen Zutaten. Aber auch das marinierte Filet von den Felchen, die lässt sich Frank immer frisch vom Bodensee kommen, ein wahrer Genuss. Und die kleinen kurz angebratenen Thunfischsteaks, besonders gut mit dem Wasabi-Dip, sollten Sie unbedingt probieren, natürlich auch die gefüllten Roastbeef-Röllchen. Alles wahre Gaumenfreuden, einfach zum Verlieben." Und so probierte ich und konnte nur sagen: „Ihre Liebe ist auf mich rübergesprungen. Einfach köstlich! Sie müssen mir nachher unbedingt die Adresse von diesem Könner geben." „Das dürfte wohl kaum ein Problem darstellen. Schließlich bin ich Berater." Wir konnten beide über diesen klugen Hinweis, zumindest ein wenig, schmunzeln. Dann fuhr er fort: „Aber jetzt machen wir es, wie wir es schon im Alt Poller gemacht haben. Sie essen und hören, ich esse und rede." „Sehr gut", sagte ich, „hat ja auch dort schon super gut mit uns geklappt." Sofort meldete sich mein innerer Aufpasser: Nun werde mal nicht zu kumpelhaft! Klein setzte fort: „Was war denn nun Ihre Frage?" „Ja richtig, die hätte ich bei diesem Gaumenschmaus fast vergessen. Habe ich Sie da richtig verstanden, mein Vater wollte versuchen, zwei SPD-Mitglieder, einer davon sogar im Parteivorstand, die beide im Widerstand zum Hitlerregime waren, dazu zu bringen, für einen ehemaligen SS-Offizier die eigene Partei auszuspionieren? Das hört sich für mich utopisch an." „Kann ich verstehen, Herr Johansson. Ich schiebe das übrigens nicht auf die damalige Zeit zurück, obwohl die natürlich anders war, und die Menschen anders getickt haben als heute. Es war vor allem die Kunst der Menschenführung Ihres Vaters. Ich kenne keinen, der Menschen für seine Anliegen so begeistern und überzeugen konnte, wie Ihr Vater es konnte. Ohne Ihren Vater wäre die ganze Aktion im Sande verlaufen. So aber schaffte er es tatsächlich, Z so zu führen, dass der den Kontakt zu O. herstellte und innerhalb eines Jahres ein solches Vertrauensverhältnis zu ihm aufbaute, dass O. ein Gespräch mit dem Offiziellen der Organisation Gehlen, Bruno Johansson, zustimmte. Und Bruno schaffte es bereits im ersten Gespräch mit O., den durch Z vorbereiteten Boden entsprechend mit der richtigen Saat zu versorgen. Wie Bruno damals schon durch seine Nachforschungen über O. richtig vermutete, war die richtige Saat – Angst. O. war nicht umsonst zur

Abwehr kommunistischer Unterwanderung in der SPD in deren Vorstand gekommen. Ja, auch die SPD hatte Angst vor den Kommunisten, im Besonderen eben O. Bruno wusste genau, wo er ansetzen musste. Er schaffte es tatsächlich, O. davon zu überzeugen, dass die SPD einfach noch nicht regierungsfähig sei. Man müsse, wohl oder übel, der CDU die Regierung überlassen, damit Deutschland in Frieden und Freiheit gedeihen könne. O. solle nicht nur die SPD, nein, er solle ganz Deutschland vor einer kommunistischen Unterwanderung bewahren. Dazu gehöre nun mal, dass der CDU Informationen über Interna der SPD zugespielt werden, damit die CDU entsprechend auf die kommunistische Unterwanderung einiger SPD-Größen, wie Wehner oder Erler, reagieren könne. Die Genialität Brunos ist gar nicht hoch genug einzuschätzen. Was Sie, und mit Ihnen wohl die meisten anderen, die davon hörten, für

unmöglich hielten, Bruno gelang es, und auch Z entwickelte sich so, wie Bruno es sich vorstellte. Als Bruno Gehlen bat, mit ihm Anfang Dezember 1953 an den Pilsensee zu Z zu fahren, war der erst gar nicht begeistert. Bruno wollte Z die Show nicht stehlen, deshalb hatte er Gehlen über den Zweck der Reise im Unklaren gelassen.
Und Gehlen konnte kaum fassen, was ihm da vorgeschlagen wurde: Berichte aus dem innersten Zirkel der SPD, und das von einem Mitglied dieses Zirkels. „Bombe", war das einzige, was Gehlen dazu einfiel. Und nicht nur ihm. Gehlen machte sofort einen Termin beim Kanzleramtsminister Adenauers, bei Hans Globke war ganz aus dem Häuschen: „Reinhard, wenn das keine Luftblase ist und ihr tatsächlich liefert, dann kommst du deinem Traum, Chef von Deutschlands erstem offiziellen Nachrichtendienst zu werden, einen Riesenschritt näher. Adenauer wird dich küssen, wenn du wirklich lieferst. Er wird sich dann noch mehr für dich ins

Zeug legen, und er wird dir deinen Nachrichtendienst geben." „Wenn ich mich vor den Küssen drücken könnte, wäre ich dir dankbar, Hans. Bei allem anderen siehst du mich begeistert", soll Gehlen geantwortet haben. Damit war der Grundstein für eine der bedeutendsten Aktionen zur Erhaltung unserer Demokratie gelegt. Wenn Globke nicht mitgespielt hätte, wären wir an Adenauer vielleicht gar nicht rangekommen. Da aber beide total von unserer Idee begeistert waren, war die Tür offen. Und dann begann die Arbeit, die zum Tagesgeschäft wurde. O. berichtete an Z, und am Anfang haben Bruno und Z die Infos zusammen in Schriftform gebracht und direkt Globke zugestellt. Später dann hat Bruno Z das Projekt komplett übertragen, es entwickelte sich zum Selbstläufer. Globke bekam im Grunde fast täglich die Interna der SPD zugespielt. Er las sie mit Begeisterung, und die meisten erhielten den Stempel: Dem Herrn Bundeskanzler vorzulegen. Mein lieber

Johansson, Adenauer war im Glück. Er unterstrich nicht nur die für ihn wichtigen Infos, er ergänzte sie auch mit seinen Kommentaren. Der Alte, wie er liebevoll genannt wurde, konnte sich nichts Besseres vorstellen, als über diese Informationsquelle zu verfügen. Ihm war immer wichtig, über alles die Kontrolle zu haben."

Sein Telefon klingelte. „Verflucht", sagte er, „man müsste schon beim Klingeln sehen können, wer da anruft. Na ja, Spinnereien eines Beraters. Ich gehe da nur kurz mal ran." Es stellte sich heraus, dass es ein Partner von Klein war, der gerade in Kanada einen Mandanten besuchte und den Rat von Klein brauchte. Ich verließ sein Büro und wartete im Flur. Ein bisschen Pause nachall den letztlich unglaublichen Informationen, das konnte nicht schaden. WarAdenauer wirklich so korrupt? Kopf jetzt erst mal frei kriegen. Neben den ohnehin tollen Bildern im großzügig gestalteten Empfang fiel mir eines ganz besonders auf. Es war ein sehr wertiger Druck von

Lyonel Feininger. Leider stand nicht drunter, wie der Titel des Bildes lautete. Feininger stellte in der ihm eigenen abstrakten Art hier eine Straße dar. Trotz der Abstraktion konnte ich sowohl Häuser, Menschen, sogar Fahrräder erkennen. Natürlich war vieles in der von ihm unverkennbaren kubistischen Form dargestellt. Die Farbpalette war überwältigend. Kräftiges Rot, Blau und Gelb vermittelten mir in ihrem Zusammenspiel ein Gefühl, das die Energie und die Lebhaftigkeit dieser Straße widerspiegelte. Die Bürotür ging auf, und Klein bat mich wieder herein. Eigentlich schade, es hätte noch einige andere Bilder zu betrachten gegeben.
„Sorry, Herr Johansson, war aber wichtig. So, jetzt bin erst mal rausaus meinem Gedankenfluss. Helfen Sie mir, wo war ich stehengeblieben."
„Sage ich Ihnen sofort. Aber zunächst Glückwunsch zu Ihren tollen Bildern in Ihrer Beratungspraxis. Wissen Sie, wie das Bild von Feininger in Ihrem Empfang heißt? Es gefällt mir nämlich

besonders gut." „Nö, keine Ahnung. Meine Frau hat hier für die Einrichtung gesorgt. Um ehrlich zu sein, ich wusste nicht mal, dass wir was von diesem Feininger hier hängen haben. Also gut, machen wir weiter. Wo war ich, bevor wir gestört wurden?" „Sie sagten sinngemäß, dass Adenauer diese Aktion, die SPD auszuspionieren, sehr recht war, weil er gern die Kontrolle über alles haben wollte. Also letztlich auch die Kontrolle über seine gegnerische Partei." „Sehr gut aufgepasst, mein lieber Herr Johansson. Genau, Adenauer war ein uneingeschränkter Kontrollfreak. Über die CDU und über die Regierung hatte er ohnehin die uneingeschränkte Kontrolle. Nun hatte er sie auch noch über die SPD. Wahnsinn! Gehlen berichtete darüber, wie nahezu überglücklich Globke ihm erzählte, dass Adenauer nun sehr genau wusste, was die SPD vorhatte, zum Beispiel, wann und womit sie ihn angreifen wollte. So wollte die SPD in einer

Bundestagsdebatte Adenauers Vorliebe für Mitarbeiter aus der Nazizeit dramatisch in Szene setzen. Adenauer sprach vor der SPD und nahm ihr den Wind aus den Segeln, indem er sagte: „Wer sich wirklich schuldig gemacht hat im Naziregime, ist doch nur ein winzig kleiner Teil der Bevölkerung. Jede Verleumdung der Wehrmacht ist schmutzige Propaganda der Opposition." Und sein Parteifreund Fritz Rößler, der angeblich mal Gauleiter war, der setzte noch einen drauf und sagte: „Adenauer hat das einzig Richtige veranlasst, nämlich die dringende Beendigung der rein politischen Säuberung, die von den damaligen Staatsflüchtlingen immer wieder auf die Tagesordnung kommt. Es ist kompromisslos, dass die Regierung KZ-Kommandeure, Generäle, hohe Beamte und Richter endlich rehabilitiert, denn sie sind das Bollwerk gegen den Kommunismus." Die erwähnten Staatsflüchtlinge waren vor allem die Herren Brandt und Wehner. Genau das

wollten die Deutschen damals hören, und die darauffolgenden Angriffe der SPD waren auf einmal kontraproduktiv. Für die meisten waren diese Angriffe dann nichts als billige Retourkutschen auf die Aussagen der CDU.
Es gäbe so viel zu berichten, was O über Z dem Kanzleramtsminister und damit Adenauer zugespielt hat, dafür reicht der Abend nicht. Eines der wichtigsten Informationen war, dass die SPD den jungen Brandt zum Kanzlerkandidaten aufbauen wollte. Brandt konnte Adenauer gefährlich werden. Brandt ließ sich nicht durch die alte SPD-Garde führen, er hatte seine eigene Agenda. Und sofort, bevor auch nur irgendwas über die Absicht, Brandt aufzubauen, nach außen sickern konnte, begann Adenauer die Kampagne gegen ihn. Einfach nur genial. Brandt, unehelich geboren als Herbert Frahm. Unehelich, damals einfach unanständig. Adenauer nannte Brandt von da ab 'Herr Brandt, alias Frahm'. Strauss fragte Brandt im

Bundestag: „Wo waren Sie denn, als es in Deutschland darauf ankam? Was haben Sie 12 Jahre draußen gemacht?" Brandt sollte erledigt werden, bevor er richtig aufgebaut sein würde. Wären Adenauer und Globke länger im Amt geblieben, Brandt wäre niemals Kanzler geworden, die Ostgebiete niemals kampflos für immer verschenkt worden. Ja, mein lieber Johansson, Adenauer war ein Kanzler, genauso wie ihn Deutschland brauchte, und genauso wie ihn die Deutschen geliebt haben. Er liebte einstimmige Entscheidungen und Beschlüsse, weil er nämlich die Entscheidungen und Beschlüsse stets alleine traf. Selbst seine CDU-Größen nannten es eine Kanzlerdemokratie oder Demokratur. Aber sie muckten nichtauf, denn Adenauer gewann die Wahlen, und er war der Garant für den Machterhalt. Ihr Vater hatte an diesem Machterhalt großen Anteil. Aber ganz ohne Parlament ging es natürlich doch nicht. Globkes Versprechen, Gehlen seinen Wunsch nach dem offiziellen

Nachrichtendienst zu erfüllen, der zog sich hin. 1955 berichtete O, die SPD habe größte Bedenken, weil sie da außen vor wäre. Globke wies Gehlen daraufhin an, gefälligst eine größere Anzahl von SPD-Mitgliedern in seine Organisation zu rekrutieren. Und siehe da, auch diese Info von O war Gold wert. Da nun SPD'ler mit an Bord waren, wurde 1956 der Bundesnachrichtendienst als Bundesbehörde gegründet. Chef wurde Reinhard Gehlen. Unser Chef hatte es geschafft, und wir mit ihm.

Wie schon die Organisation Gehlen, war auch der BND wieder nur für die Auslandsaufklärung zuständig. Für Adenauer allerdings war das kein Hindernis, den BND auch gegen die inneren Feinde von links einzusetzen. Denn schließlich gab es immer noch den Kommunisten Wehner als Führungskraft und den linken Marxisten Brandt. Und beide ließ die SPD gewähren. O versorgte Z, Z versorgte Globke, und Globke versorgte

Adenauer bis zum Jahr 1962 mit insgesamt über 500 vertraulichen Informationen, direkt aus der Herzkammer der SPD. Sie als junger Mann können mit Sicherheit gar nicht nachempfinden, wie überaus wichtig diese Arbeit war. Adenauer, er war der Glücksfall für diese neue Bundesrepublik. Er packte zu und ließ nicht zu, dass die ewigen Bedenkenträger Einfluss auf seine Politik nehmen konnten. Wir hatten ein Paradies und konnten durch unsere Arbeit mithelfen, die Feinde von links wirkungsvoll von der Macht fernzuhalten. Durch unsere Arbeit haben wir beigetragen, nicht nur Adenauers Macht, sondern auch Deutschland den Frieden und seinen Wohlstand zu sichern. Wie überaus wichtig Adenauer andererseits für unsereArbeit, besonders auch für die Ihres Vaters war, zeigt das Beispiel von dem späteren Weicheikanzler Kiesinger. Ihr Vater hatte nach wie vor die SPD im Blick. Er konnte mit seinen

Methoden viel über die Sozis in Erfahrung bringen. 1967 bereitete dieser Oberlinke Bahr seine sogenannte Entspannungspolitik mit Russland vor, also den Ausverkauf Deutschlands mitAnerkennung der Oder-Neiße-Grenze und Verständigung mit Russland. Ihr Vater informierte Gehlen darüber, dass dieser Bahr sich in einem MünchenerHotel für Vorbereitungen mit seinem kommunistischen Freund Leo Bauer treffen wollte. Gehlen war genauso alarmiert wie Bruno und schickte ihn nachMünchen. Mit den speziellen Bruno-Methoden, die von Adenauer sogar besonders geschätzt wurden, erfuhr Bruno alles über dieses Zusammentreffen. Gehlen gab diese Infos dann, wie es sich gehörte, an den Bundeskanzler Kiesinger weiter. Statt durchzugreifen und gezielt diese brisanten Informationen zu nutzen, hat dieses Weichei den Bahr informiert. Sie können sich vorstellen, was das für einen Aufruhr gab. BND bespitzelt eigene Regierung, war noch das Harmloseste, was als Schlagzeile, natürlichbei der linken Presse, erschien. Nein, die guten Zeiten für uns waren ein für allemal vorbei. Für den Ausverkauf unseres Landes wollten wir nicht zur Verfügung stehen."

Pause. Klein war ganz in seiner Vergangenheit, und da konnte ich es endlich erkennen. Es war nicht mehr das Gesicht vom Geschäftsmann, vom eloquenten Gesellschafter, es war das Gesicht vom enttäuschten Spion, der einst ein gläubiger Nazi war, und der bis jetzt wenig von richtiger Demokratie wissen wollte. Ich war dankbar für dieses Gesicht. Dieses Gesicht machte mirklar, dass hinter der sympathischen Fassade immer noch der braune Spion zu Hause war. Dass ich ihm mit meiner Sympathie auf den Leim gegangen bin, das konnte ich mir sofort verzeihen. Mein Vertrauen zu anderen ist manchmal einfach naiv. Und trotzdem, lieber manchmal naiv vertrauensvoll, als ständig misstrauisch. Bin damit schon häufiger reingefallen, aber genauso häufig war es genau die richtige Entscheidung. Dann fuhr Klein fort: „Wir, Ihr Vater und ich, nutzen unsere Kontakte zur Industrie. Viele ihrerBosse sympathisierten mit unserer bisherigen Arbeit, und so wurden wir erfolgreiche Unternehmensberater. Ich darf in aller Bescheidenheit sagen, dass wir auch hier erfolgreich arbeiteten und es zu einigem Wohlstand gebracht haben. Und schon sind wir wieder in der Gegenwart." Kleins Gesicht hatte sich wieder in seinen Berateraudruck verwandelt. Er fuhr fort: „Sie wissen ja, dass die Familie von Bruno nichts von Ihnen weiß. Bevor ich Ihnennun die Identität Ihres Vaters verrate, hört sich wirklich komisch an, Ihnen die Identität Ihres eigenen Vaters verraten, möchte ich Sie bitten, mir zu sagen, ob Sie überhaupt den Kontakt mit seiner Familie in Erwägung ziehen? Wollen Sie überhaupt sein Grab besuchen? Ohne Ihren Vater gäbe es ein anderes Deutschland, weit weniger frei, weit

weniger Wohlstand, weit weniger anerkannt in der Welt. Ihr Vater ist der wahre Held der Zeit mit Adenauer."
Ja, was sage ich nun. Erbitte ich mir Bedenkzeit? Brauche ich die, oder weiß ich, was ich will? Ich dachte an mein Gefühl und meine Gedanken im Dom. Ich kann mir meinen Vater aussuchen. Hatte ich vorher vielleicht noch Bedenken, nachdem ich aber von all den Heldentaten meines Erzeugers gehört habe, war meine Entscheidung plötzlich klar und ohne jeden Zweifel.
„Ich danke Ihnen sehr für Ihre Zeit und Ihre Informationen über Ihren Bruno, Herr Klein. Sie können versichert sein, ich werde Ihren Bericht ganz für mich behalten, wie versprochen. Es fällt mir nicht leicht, Ihnen das vielleicht etwas plump zu sagen, und es wird Sie enttäuschen, aber ich stimme Ihrer Endbewertung nicht zu. Nein, ich sehe in der Arbeit meines Vaters nichts Heldenhaftes, und ich werde weder seine Familie noch sein Grab besuchen wollen. Insofern benötige ich, wie Sie so

schön sagten, seine Identität nicht. Es war sehr freundlich von Ihnen, mir Ihr Vertrauen und Ihre Zeit zu schenken. Nochmals herzlichen Dank." „Ich habe es für Bruno gemacht. Er hätte es so gewollt und wäre mit Sicherheit genauso enttäuscht über Ihre Entscheidung, wie ich es bin. Hätte Bruno Sie erziehen können, Ihre Entscheidung wäre anders ausgefallen."
Danke Modder, dass du mir das erspart hast.
Unser Abschied fiel, nach diesem für Herrn Klein sicher überraschenden Ende, frostig aus. Leider habe ich dann auch vergessen, mir die Adresse seines Delikatessenladens geben zu lassen. Ok, wäre auch nicht mehr passend gewesen. Trotzdem schade. Wir hatten dann nie wieder Kontakt zueinander und ich weiß bis heute nicht, welchen Titel das von mir bewunderte Bild von Feininger hat. Gewissensbisse hielten sich nach unserem Treffen in äußerst überschaubaren Grenzen. Auch als ich in den folgenden Tagen mein Klein

gegenüber gegebenes Versprechen brach, änderte sich daran nichts. Zuerst sprach ich mit Modder, dann mit Wiebke und dann mit Jens über das, was mir Klein erzählt hatte. Alle waren einer Meinung, der spinnt. Jens sagte dann noch: „Wenn ich mich richtig entsinne, war Adenauer doch der Vorsitzende des parlamentarischen Rates, und damit war er oberster Vater unseres Grundgesetzes. Du glaubst doch wohl nicht eine Sekunde daran, dass der, der das Grundgesetz mit entwickelt und verkündet hat, sein eigenes Gesetz fast 10 Jahre mit Füßen tritt? Das Grundgesetz ist doch praktisch sein Baby. Der würde ja Kindesmissbrauch begehen. Nein, bei allen undemokratischen Geschichten über Adenauer, aber so was würde er nie im Leben machen!

Der Klein hat einen an der Klatsche und das Beste ist, du vergisst den ganzen Mist. Und wer und was dein Erzeuger wirklich war, das hat dir deineMutter doch ganz ordentlich erzählt. Lass es damit gut sein." Nicht sein einziger und auch nicht sein letzter guter Rat.

Das mit dem Vergessen fiel mir dann in den nächsten Monaten auch gar nicht schwer. Das Wiebke-Modder-Team hatte zwar Verkauf der Villa und Neuerwerb einer Doppelhaushälfte sauber abgewickelt, dann auch den beruflichen Neueinstieg von Wiebke geplant. Sie kennen Wiebke ja schon. 110 Prozent für den neuen Job! Für mich blieben da so tolle Aufgaben wie Vorbereitung, Durchführung und Nachbereitung vom Umzug, neue Schule fürBosse, neuen Kindergarten für Emma und was es sonst noch so mit unsererneuen Lebenssituation für mich zu erledigen gab. Aber eine sehr ausgelastete Wiebke war eine zufriedene Wiebke. Auf ihre Art war eine ausgelastete Wiebke eine wunderbare Ehefrau, Mutter und Schwiegertochter.Was macht da ein bisschen Umzug, wenn die Frau zufrieden und ausgeglichen ist.

Und dann

Köln, 1985 bis 2022

Und danach lebten wir wieder ein Leben als Mittelstandsfamilie mit allen Hochs und Tiefs. Das Thema Vater oder Klein war kein Thema mehr für mich oder für meine Umwelt. Es war eine tatsächlich interessante, teils auch aufwühlende Zeit, aber mein Erzeuger spielte in unserem jetzigen Leben wirklich keine Rolle mehr.

Wir hatten wieder mal Glück. Der von meinen beiden Damen angeheuerte Makler machte einen wirklich guten Job. Er fand in Köln Rodenkirchen eine erst 15 Jahre alte Doppelhaushälfte, die sogar eine Einliegerwohnung hatte. Alles ein bisschen kleiner, aber letztlich völlig ausreichend, auch für Modder. Der Garten hatte vielleicht 20 % der Größe unseres alten, dafür konnte ich ihnohne Probleme selber bearbeiten. Auch Marina war einverstanden mit einmaldie Woche kommen, und totales

Glück hatten wir mit unseren neuen Nachbarn. Klaus und Beate Sommer hatten ebenfalls zwei Kinder, die zwar etwas jünger waren als unsere beiden, sich aber trotzdem schnell eine Freundschaft zwischen den Kindern und uns Eltern entwickelte. Mir gefiel Rodenkirchen ohnehin viel besser als sein Ortsteil Hahnfeld. Am besten war, ich konnte weiterhin mit dem Fahrrad am Rhein entlang zur Arbeit fahren. Die besonders von Wiebke befürchtete Katastrophe nach ihrem Rausschmiss, die blieb also aus. Dass es bei uns im Laufe der nächsten Jahre eine Menge Auf und Abs gab, ist natürlich nichts Ungewöhnliches. Schauen wir uns doch einfach die wichtigsten Entwicklungen meiner Lieben kurz an.

Wiebke

Wiebke, die begnadete Organisatorin, die Frau mit Weitblick und unternehmerischem Instinkt, ist dann doch für harte Kärrnerarbeit nicht die Richtige. Und so war der Aufbau einer eigenen Versicherungsagentur dann doch nicht der Weisheit letzter Schluss für sie. Aber sie hatte ja immer noch Kontakt zu ihrem Halbgott Hiller. Der sorgte mit seinen Kontakten auch zu anderen Versicherern dafür, dass Wiebke mit dem sehr erfolgreichen Inhabereiner Versicherungsagentur, Stefan Vogel, Bekanntschaft schließen konnte.

Da der Herr Vogel bereits im 69. Lebensjahr war und dringend eine geeigneteNachfolge suchte, war Wiebke natürlich für ihn ein Glücksfall und er für Wiebke. Mir schien die Übernahme sehr teuer, sagte aber nichts. Als sie dannaber bereits drei Monate nach Übernahme drei neue Mitarbeiter einstellte, wagte ich dann doch zu fragen, ob das denn alles finanzierbar und gewinnbringend sei? „Süßer," so begann ihre durchaus längere Antwort, „bleib du mal bei den

Knochen deiner Patienten und überlasse mir mein Geschäft. Glaub mir, da ist noch jede Menge Luft nach oben drin. Meine werten Damen und Herren Versicherungsvertreter glauben immer noch, dass,wenn sie einem Kunden 'ne Lebensversicherung verkauft haben, dieser Kunde dann bis zu ihrem Ruhestand nicht mehr kontaktiert werden muss. Und das beste Akquiseinstrument, nämlich das Telefon, das fassen sie gar nicht erst an. Die meinen tatsächlich, dass das lediglich was für nervige Callcenter sein könnte, aber doch nichts für seriöse Versicherungsagenten."
„Na ja", wagte ich zu entgegnen, „diese Anrufe können ja schon nervig sein!" Mein Einwand brachte sie erst richtig in Schwung. Ihr Gesichtsausdruck verriet, dass sie so gar nicht verstehen konnte, dass ein normaler Mensch sonaiv sein kann und nicht sofort kapiert, was doch so offensichtlich auf der Hand lag.
„Süßer, ich sage es doch, bleib du bei den Knochen deiner Patienten. Nervig?

So ein Quatsch. Unsere Leute kennen doch ihre Kunden. Da ruft ein Freund an. Das Leben ist gefährlich und wer das noch nicht weiß, dem muss das gesagt werden. Was bitte soll daran denn nervig sein?
Versicherungen bringen Sicherheit, und Versicherung sind wir. Ohne jede Übertreibung, dankbar müssen die Kunden sein, wenn wir sie anrufen. Aber keine Angst, ich werde das unserer müden Truppe schon beibringen." Daranhatte ich nun tatsächlich gar keinen Zweifel. „Also nun mal im Ernst, ich würde mich bedanken für solche Freunde, die doch nur eins wollen, nämlich mein Geld", mein letzter Versuch. „Du bist ja auch ein Konsummuffel und gehörst damit zum Glück eher zu einer Minderheit." Einen allerletzten Versuch wagte ich dann noch: „Ich habe geglaubt, diese Truppe, die jetzt somüde ist, die wäre so sehr erfolgreich in der Vergangenheit. Deshalb hast duden Laden doch übernommen." „Im Vergleich zu

anderen Agenturen ist sie das auch. Aber da steckt noch viel, viel mehr drin. Keine Angst, mein Süßer, ich weiß genau, was ich tue, und meine Leute werden das auch sehr schnell kapieren." Und so kümmerte ich mich um die Knochen meiner Patienten und Wiebke machte ihre Geschäfte. Auch wenn ich es mir kaum vorstellen konnte, sie arbeitete noch mehr als bei Alligripp und ja, hatte noch weniger Zeit für uns. Allerdings hatte sie zweifelsohne geschäftlich, sprich materiell, großen Erfolg. Dass unser Familienleben darunter zu leiden hatte, das merkten sie und ich leider kaum. Leider blieb das nicht folgenlos, aber dazu später.

Modder

Mit der Zeit merkten wir dann doch Modders Älterwerden. Sie traute sich nicht mehr, mit dem Auto in die Stadt zu fahren, das Kochen fiel ihr schwer und ihre Vergesslichkeit nahm zu. „Ich hab solche Angst, dement zu werden und euch zur Last zu liegen", sagte sie immer häufiger. Nun, so viel habe sogar ich in meinem abgebrochenen Psychologiestudium mitbekommen, diese Vergesslichkeit bei ihr, die hatte nichts mit Demenz zu tun. Letztlich war ihre Vergesslichkeit nicht so viel schlimmer als bei Wiebke und mir. Nur einmal bekam ich wirklich Angst, es könnten vielleicht doch ernsthafte Störungen ihrer geistigen Fähigkeiten eingetreten sein. Es war, als sie bei der Übertragung des ersten Spiels der neuen Bundesligasaison auf einmal Sympathie für Bayern München bekundete. Zum Glück war diese Entgleisungkeine Fehlleistung ihres Gehirns, sondern lediglich der schlechte Einfluss unserer Nachbarin, mit der sie sich häufig traf. Na gut, alte Frauen und Fußball, da muss ich wohl mal ein Auge zukneifen. Einen richtigen Schock bekam Modder, als ihre Mokka aufgrund von Altersschwäche eingeschläfert werden musste. Min Modder, die sich so lange gegen ein

Haustier gewehrt hatte, sie trauerte ganz furchtbar um ihre Mokka. Unser Garten war zwar keinPark mehr, für ein Grab für Mokka reichte er aber allemal. Zwei Jahre später hat uns dann auch Modder für immer verlassen. Jede Mutter ist für ihre Kinder etwas Besonderes, auch wenn die Kinder es häufig nicht wahrhaben wollen. Modder war nicht nur für mich, nein, sie war für unsere ganze Familie von unschätzbarem Wert. Wie groß dieser Wert war, haben wir erst später erfahren. Wir haben die Geschichte mit dem mir verschwiegenen Vater nie mehr thematisiert. Genauso wenig haben wir die uns beiden bekannte Neigung ihres zweiten Ehemanns, meines Stiefvaters Bernd Born, jemals besprochen. Mag sein, dass wir zu feige waren, uns einfach gedrückt haben, um das alles aufzuarbeiten. Fest steht aber für mich, wir hatten ein wunderbares Leben zusammen, und um keinen Preis hätte ich eine andere Mutter, als min Modder, gewollt.

Bosse

Nicht nur als Kind, auch als Jugendlicher, als Student und dann als Jurist, Bosse war eindeutig Kind seiner Mama. Zielstrebig, immer volle Power, großeKraft, sich durchzusetzen, eben blitzgescheit. So machte er dann Karriere in einer großen Anwaltskanzlei und wurde dort nach einigen erfolgreichen Jahren Partner. Viel wichtiger für mich war, dass er mit Gabi eine wundervolleFrau gefunden hatte. Dass die beiden sich und uns dann zwei wahre Sonnenscheine geschenkt haben, war für uns Glück pur. Felix und Jakob, diebesten Enkelkinder der Welt. So gern ich Vater war, Opa sein ist reine Sahne.Einmal in der Woche machte ich Opa-Tag. Ich hörte schon mittags auf zu arbeiten und fuhr dann direkt zu Gabi und den Kindern. Gabi, zu ihren ohnehin vorhandenen Vorzügen, war sie auch noch eine tolle Köchin, bereitete uns immer ein leckeres

Mittagessen und verabschiedete sich danach von uns. So hatten Felix und Jakob und ich den gesamten Nachmittag für uns. Was ich mit meinen Kindern nicht so recht hinbekommen habe, mit meinen Enkeln klappte es. Wir bauten eine Baumhöhle in ihrem Garten, waren Stammgast im Zoo und in der nahe gelegenen Eisdiele. Wir machten Picknick am Rhein und besuchten die Kindervorstellungen im Kino. Und um Schularbeiten oder sonstige Erziehungsmaßnahmen, da habe ich mich nie gekümmert, musste ich auch nicht, war ja nur der Opa.

Emma

So problemlos alles mit Bosse, Gabi und den Enkeln lief, mit Emma war es genau umgekehrt. Da gab es immer wieder Einladungen ihrer Lehrer zu persönlichen Gesprächen mit mir. Teils waren die Gespräche notwendig, wieich fand, teils waren sie kleinlich. Egal, die anschließenden Gespräche zwischen Emma und mir waren keine. Mein Anteil an den Gesprächen mit ihr lag bei geschätzten 99 Prozent. Egal, was ich auch anstellte, ich kam bei ihr nicht durch. Nach zwei Ehrenrunden und viel Ach und Krach schaffte sie dann doch ihr Abi. Kurz vorher war Modder gestorben, was Emma sehr mitgenommen hatte. Sie hing wahnsinnig an ihrer Oma. An Studium war natürlich gar nicht zu denken, für eine berufliche Ausbildung bot sich auch nichts Interessantes an. Ein Jahr Work and Travel durch Europa, das war's.

Sie zog mit einer ihrer Freundinnen los und ich würde lügen, wenn ich sagen würde, dass wir diese temporäre Abwesenheit bedauert hätten. Es wurde dann aber keine temporäre Abwesenheit, es wurde eine dauerhafte. Sie blieb in Lissabon hängen, verliebte sich dort in einen Antonio und zog mit ihm nach einiger Zeit nach Estoril, ca. 30 Kilometer von Lissabon entfernt an den Atlantik. Auch nicht schlecht, so dachten wir jedenfalls. Aber der Mensch denkt, Gott lenkt. Na ja, so heißt es eben. Nach zwei, in der Tat unerfreulichen Besuchen, machte ich mich im Oktober 2008 allein auf den Weg nach Estoril. Emma signalisierte in unserem letzten Telefonat, wenn überhaupt, dann wolle sie mit mir allein reden.

Estoril, Oktober 2008

Ich landete gegen Mittag in Lissabon. Nach meinem Begrüßungskaffee und einem Pastel de Nata in der Ankunftshalle mietete ich mir einen roten Mini, und sofort fühlte ich mich um zehn Jahre verjüngt. Da ich mit Wiebke bei unseren letzten Besuchen schon Lissabon erkundet hatte, fuhr ich direkt in unser kleines Hotel. Wir waren dort auch schon bei unseren letzten Besuchen abgestiegen, und ich freute mich darauf, Edith, die Chefin des Hotels, wiederzusehen. Ich ließ das Navi weg und war sehr stolz, trotz des Autobahngewimmels die richtige Strecke gefunden zu haben. Ohne mich zu verfahren, erreichte ich das Petit France. Es lag nur 10 Minuten zu Fuß von der Uferpromenade entfernt, auch das Casino war nur einen Steinwurf entfernt. Edith war am Empfang und begrüßte mich standesgemäß mit Küsschen, schließlich war sie Französin. „Wie schade, dass Madam Wiebke nicht mitgekommen ist", war das Erste, was sie sagte. „Ja, wirklich schade, aber sie konnte es leider nicht einrichten", erwiderte ich. Wir beide hatten mit unserem Englisch kein Problem. Ich hatte schon bei unseren letzten Besuchen festgestellt, dass man ohnehin in Portugal mit der Verständigung auf Englisch kein Problem hatte. Ich sollte mich frisch machenund dann zu einem Begrüßungsdrink nach unten kommen. Das Petit France hatte nur 12 Zimmer, dafür war jedes individuell gestaltet. Ich bekam die Nummer 6. Dieses Zimmer hatte eine mediterrane Note. Blaue Wände, eine Seite mit Muscheltapete. Auch die Bilder zeigten alle den

Atlantik. Sogar die Bettwäsche war abgestimmt, es waren viele bunte Fische abgebildet. Beim letzten Mal hatten wir das Fotozimmer, mit Fototapete und alten Fotoapparaten, die allerdings festgeschraubt waren. Edith hatte wohl doch zuviel Angst, dass sich diese wertvollen Fotoapparate in fremde Koffer verirren könnten. Im ersten Jahr hatten wir die Nummer 4, Bauhausstil in Perfektion.

Edith hatte uns beim letzten Besuch ihre Lebensgeschichte erzählt. Sie war Assistentin des Hoteldirektors des großen StarHotels in Paris. Sie lernte denBesitzer kennen, der noch zwei weitere große Hotels in Paris besaß, und beide verliebten sich. Obwohl er 25 Jahre älter war als sie, war er tatsächlich ihre große Liebe. Er und sie ließen sich von ihren Ehepartnern scheiden und heirateten. Tatsächlich im verflixten siebenten Jahr verliebte sich ihr Ehemann erneut. Diesmal in eine noch jüngere Frau, als Edith es war. Sie ließen sich scheiden, und ihre

Abfindung reichte locker aus, um das Hotel in Estoril zu kaufen und zu renovieren. Seit fast 20 Jahren führt sie das Hotel, hat vor vielen Jahren das dazugehörige Restaurant aufgegeben und führt das Petit France jetzt als Garni-Hotel. Sie wurde letztes Jahr 55, sieht mit ihren 1,65, ihrem Pagenkopf und ihrer super schlanken Figur aber mindestens 10 Jahre jünger aus.

Im Salon unten wartete Edith auf mich mit zwei Gläsern Champagner. Besser kann man nicht begrüßt werden. Sie fragte mich, ob ich Lust hätte, mit ihr am Abend essen zu gehen. Sie hätte ohnehin nichts vor, und es wäre ihr eine Freude, mich unterhalten zu können. Super, ich hatte mich vor einem einsamen Abend vor dem Termin mit Emma schon gefürchtet. Aber so fuhren wir am Abend mit Ediths schon etwas angerostetem Peugeot nach Cascais. „Ein sehr einfaches Restaurant, aber sehr gutes Essen, sehr freundliche Bedienung und kein Touristennepp, im Gegenteil sehr günstig", erklärte sie mir auf der Fahrt. In einer kleinen Seitenstraße parkten wir direkt vor dem in der Tat etwas unscheinbaren Restaurant. Es war ein Südafrikaner, der sich hier niedergelassen hatte. Er war in der Küche, seine Frau bediente. Edith hatte nicht übertrieben. Einfache Einrichtung, Holztische ohne Tischdecke und nur sechs Tische. Ich aß ein wunderbares Filet vom Strauß mit einer wundervollen Sauce Cumberland.

Als Nachtisch gab es ein Stück Pavlova mit frischen Beeren, ein Traum. Pavlova ist übrigens eine Baisertorte, hier gefüllt mit einer Himbeersahne. Als die Rechnung kam, da staunte ich nicht schlecht. Für diesen Preis hätte ich in Köln vielleicht einen Hamburger mit Pommes bekommen, wenn es hochkommt, mit einem Softeis als Dessert. „Wie machen die das mit diesemPreis?", fragte ich Edith. „Was glauben Sie, wie ich überlebe, obwohl meine Preise, wie Sie ja wissen, nicht ganz so bescheiden sind. Die beiden hier brauchen natürlich wenig Personal, das ist schon mal gut für die Kalkulation.Ich benötige da viel mehr. Aber ich muss zugeben, die Personalkosten hier sind mit denen in Paris, überhaupt in Frankreich oder Deutschland, nicht zu vergleichen. Das ist eines der Hauptgründe, warum ich überlebe, zugegeben,gut überlebe." Es war ein sehr unterhaltsamer Abend mit Edith. Ich war ihr dankbar dafür, denn die Alternative wäre ein Abend voller Grübeleien und Befürchtungen vor dem morgigen Termin mit Emma gewesen. Als ich am Morgen aus meinem Fenster schaute, tauchte die portugiesische Sonne Estoril in Honigfarben. Im Oktober im Freien ein tolles Frühstück genießen, das hat schon was. Wenn mir nur der Termin mit meiner Tochter am Nachmittag nicht im Magen liegen würde. Ich hatte nach dem Frühstück noch Zeit. Ich setzte mich in meinen Mini und fuhr die Küstenstraße nordwärts, bis zum Surferstrand Guincho. Ich nahm den Hotelparkplatz direkt vor dem Strand. Die Parkplätze an der Straße waren nicht benutzbar, der Sturm der letzten Tage hatte die Plätze vom Strand her zugesandet. Zwei ältere Männer versuchten mit ihren Schaufeln die Parkplätze wieder freizuschaufeln. Wie ich sie so schaufeln sah, wurde mir bewusst, wie gut ich es doch hatte. Wie Edith mir ja erzählte, waren die Löhne in Portugal eher niedrig, für Arbeiten wie Sand schaufeln werden sie wohl besonders niedrig sein. Und trotzdem schaufeln diese beiden alten Männer, die vielleicht gar nicht so alt waren, wie sie aussahen und mich an Sisyphos erinnerten.

Am Strand, der nur ungefähr 700 Meter lang ist, dafür aber sehr breit, war wenig Betrieb. Mir gerade recht, ich hatte zu denken. Zunächst aber überwältigte mich wieder der Atlantik. Besonders hier am Guincho waren dieWellen besonders hoch. Ich beobachtete, wie sich eine Welle langsam aufbaute, dann immer höher und höher wurde und sich dann, bei geschätztendrei Metern, brach und voller spritzender Gischt am Strand auslief. Ich konntegar nicht oft genug dieses fantastische Schauspiel beobachten. Kein Wunder, dass das hier ein Paradies für Surfer war.

Langsam schlenderte ich im weichen Sand. Was sollte ich meiner Emma sagen, oder sollte ich sie reden lassen, wenn sie denn reden wollte? Diebeiden letzten Besuche mit Wiebke waren jeweils eine Katastrophe.

Klar, dass Emma keine Zeit hatte, uns vom Flughafen abzuholen, klar, dass wir in ihrer Zweizimmerwohnung nicht übernachten konnten, klar, dass sie keine Zeit und keinen Platz hatten, uns bei sich zum Essen oder Kaffee einzuladen. Wir schafften es gerade, zweimal gemeinsam Abendessen zu gehen. An die Stimme von Antonio kann ich mich nicht entsinnen. Boa tarde, war das einzige, was ich von ihm gehört hatte. Auch meine Versuche, auf Englisch etwasvon ihm zu erfahren, waren einfach vergebens. Er war angestellter Fahrlehrer und Emma war seit kurzem nicht nur seine Partnerin, sondern auch seine Arbeitskollegin. Emma die Fahrlehrerin. Na ja, dagegen war ja nun wirklich nichts einzuwenden. Unsere sonstigen Fragen und redlichen Bemühungen, ein Gespräch zustande zu bringen, endeten im Schweigen der beiden. Ich erinnerte mich an meine einseitigen Gespräche mit Emma aus der Schulzeit. Immerhin erfuhren wir noch, dass Estoril nicht Estoril ausgesprochen wird, sondern nur Storil. Keine Antwort, was denn los sei, ob sie sauer auf uns sei, ob wir was machen können? Einfach Schweigen oder eben belangloser Smalltalk. Und dann hatte Emma, nach einigen telefonischen Anläufen, unserem jetzigen Treffen zugestimmt.

Wir waren um 15 Uhr vor dem Casino in Estoril verabredet. Ich würde jetzt einfach alles auf mich zukommen lassen. Ich hoffte nur, dass ich ein wenig schlauer nach unserem Treffen sein würde.

Gespräch mit Emma

Ich ging zu Fuß zum Casino, es waren nur knappe 10 Minuten Gehweg. Emma kam pünktlich um drei. Meine Tochter, 1,75 m groß, schlank mit langenblonden Haaren. Keine Frage, eine hübsche junge Frau. Sie gestattete, dass ich sie umarmte, ich bekam sogar einen flüchtigen Kuss auf die Wange. Nach dem üblichen Wie geht's dir und schönes Wetter schlug sie vor, dass wir am Atlantik entlang bis nach Cascais gehen könnten. Beim Laufen könne man am besten sprechen.
Vielversprechender Anfang.
„Hast du Hunger, Emma?" mein zaghafter Versuch, ins Gespräch zu kommen.
„Nö, ist noch zu früh. Aber auf dem Weg nach Cascais kommen wir an dutzenden Restaurants an der Promenade vorbei. Allerdings alles reiner Tourikram. Am besten ist es, Hamburger zu bestellen." „Gut zu wissen. Schön, dass ich eine quasi Einheimische an meiner Seite habe.

Sag, Emmchen, bist du glücklich?"
„Gute Frage. Bist du denn glücklich?"
„Eine Frage mit einer Gegenfrage zu beantworten, mag geschickt sein, würde aber eher zu deiner Mutter als zu dir passen." Ich wunderte mich selber, dass ich wieder so mit ihr sprechen konnte, wie ich es immer tat. „Ok! Ja, Paps, mir geht es sehr gut, und ich bin tatsächlich glücklich. Antonio ist genau der Mann, der zu mir passt, und ich weiß, auch ich zu ihm. Wie viele Portugiesen ist er total relaxt, sehr häuslich und liebevoll. Wir lachen uns kaputt über sein Deutsch und mein Portugiesisch, wir finden es toll, den gleichen Beruf zu haben und statt viel Geld verdienen zu wollen, lieber viel Zeit für den Atlantik und die Sierra zu haben. Du musst doch zugeben, dieser Atlantik ist doch noch mal was anderes als deine geliebte Nordsee. Oder?" „Ja, mein Emmchen, allein hier diese lange Promenade bis nach Cascais entlangzulaufen, ja, das hat schonwas", meinte ich und war sehr ehrlich, obwohl

ich die Nordsee natürlich trotzdem liebe und niemals verraten würde.

„Besser geht's nicht. Ich freue mich sehr für dich und gebe zu, ich bin beruhigt." „Das ist ja schon mal was, mein lieber Paps. Ich weiß, Mami würde als Erstes fragen, warum wir nicht längst eine eigene Fahrschule haben, warum immer noch eine Zweizimmerwohnung, warum noch nicht verheiratet.Sag ihr, wir sind mit dem, was wir haben, sehr zufrieden. Übrigens, wir werdennicht heiraten, und wir werden auch keine Kinder kriegen. Alles ohne zusätzlichen Kommentar."

„Wenn du damit glücklich bist, brauchen wir auch keinen zusätzlichen Kommentar. Du bist eine erwachsene Frau, und wir sind glücklich, wenn du glücklich bist. Aber trotzdem wüssten wir gern, was wir dir getan haben. Dein, und mit Verlaub auch Antonios, Verhalten uns gegenüber, das sollte doch endlich aufgeklärt werden."

„Aufgeklärt werden? Was soll ich denn aufklären? Dass wir uns nichts zu sagen haben? Dass wir uns einfach fremd sind? Das ist doch verdammt noch mal nichts Neues. Worüber haben denn Mama und ich in meinen letzten Jahren in Köln gesprochen? Wann wäre überhaupt Zeit dafür gewesen, denn sie war doch kaum zu Hause und wenn, dann mit dem Kopf in ihrer verdammten Agentur. Und deine Themen mit mir waren, was war wieder in der Schule los. Warum kann sich dein Emmchen nicht richtig benehmen, warum nicht so artig und erfolgreich sein wie ihr schlauer Bruder Bosse? Paps, die Einzige, die für mich Familie war, das war Oma. Sie kannte mich, sie hatte Zeit für mich, von ihr fühlte ich mich angenommen, fühlte mich von ihr geliebt. Als Oma starb, starb meine Familie.Sag jetzt bitte nichts. Es war und ist genau so. Ich weiß ja, dass du mich liebst und dir Mühe gegeben hast, ein guter Vater zu sein. Aber bei mir ist vonall dem nichts, glaube mir, nichts angekommen. Ohne Oma fühlte ich mich wie eine Waise im Haus, und mir war klar, keiner hat davon etwas mitbekommen. Mama sowieso nicht, Bosse schon gar nicht, und auch du warst mehr mit Jens, mit deinen Büchern und Zeitungen beschäftigt, statt dich mit mir zu beschäftigen." Pause, nachdenken, sacken lassen. „Du hast recht, ich habe es nicht gemerkt", fing ich das Gespräch wieder an. „Ich will gar nicht erst anfangen, da was zu relativieren oder zu entschuldigen. Wenn du das so empfunden hast, dann war es so. Trotzdem schade, dass du uns keine Chance gegeben hast, da was zu korrigieren." „Ach, Paps. Was wolltet ihr denn korrigieren? Auf einmal neue Eltern werden? Oma ersetzen? Irgendwann habt ihr eure Elternrolle für mich an Oma abgegeben, sicher ohne es zu merken. Es war aber so, und daran ist auch nichts mehr zu ändern." Neuer Versuch von mir, nach längerer Pause: „Ok. Was können wir tun, um wieder zu dir in Kontakt zu kommen?" „Ehrlich?" „Ja, natürlich ehrlich."

„Nichts, Paps. Ihr könnt gar nichts mehr tun. Ich habe mit allem, was mit Köln zu tun hatte, abgeschlossen. Ich fühle nichts mehr für Mama, für Bosse und auch nur noch wenig für dich. Das klingt hart und ist es auch. Aber es ist die Wahrheit. Vielleicht ändert sich das mal, vielleicht aber auch nicht. Wir halten Kontakt, zumindest zu den Geburtstagen und zu Weihnachten. Das ist doch auch schon was." Und so liefen wir am Atlantik entlang, und diesmal liefen mir die Tränen. Nach diesen Erkenntnissen hatte ich dann auch alles andere, nur keine Lust mehr auf Hamburger. „Kann ich denn gar nichts machen?", mein letzter Versuch. „Doch! Bitte halt Mama davon ab, einen Plan zur Wiedergewinnung ihrer Tochter zu schmieden. Ich weiß, sie wird sofort einenschmieden wollen. Sag ihr, er würde scheitern. Sie muss, wenn sie denn will, auf mich warten."
Wir gingen schweigend bis zum S-Bahnhof in Cascais, der direkt gegenüber von der Uferpromenade lag.

„Ich würde jetzt gern mit der S-Bahn zurück nachEstoril fahren. Willst du mit?" Immerhin fragte sie mich noch. Meine Antwort war: „Nein, mein Töchterlein. Ich hab eine Menge zu verdauen. Da wird mir der Weg zurück nur gut tun." „Ich weiß ja, das alles ist schwer für dich zu verdauen. Es ist aber Realität, was ich dir sagte. Und denk dran, deine Tochter bleibe ich trotzdem, auch wenn wir wenig in Kontakt sind." Dann umarmte sie mich und verschwand über die Straße in den Bahnhof.

Ich hatte meinen Rückflug erst für übermorgen gebucht. Vielleicht wäre derTag morgen ja noch für Gespräche mit Emma gut gewesen. Tja, falsch gelegen. Ich besuchte am nächsten Tag noch das Städtchen Sintra, hatte aber für diese alte Stadt nicht die Aufmerksamkeit, die sie verdient hätte. Einziger Lichtblick war noch Edith, die natürlich merkte, dass ich ziemlich daneben war. Mit aller gebührenden Zurückhaltung versuchte sie, mich etwasaufzumuntern, ein bisschen gelang ihr das sogar.

Zurück in Köln

Es traf Wiebke schwer, was ich aus Estoril mitbrachte. Und klar, sie wollte sofort an den Plan zur Wiedergewinnung unserer Tochter ran. Ich schaffte esdiesmal erstaunlich schnell, sie davon abzubringen. „Haben wir wirklich unsere Tochter verloren?", fragte sie. „Was heißt verloren? Ich glaube ihr, dass sie wirklich glücklich ist, und ich glaube ihr, dass sie uns nicht vermisst. Natürlich wäre es tausendmal schöner, wenn wir sie und sie uns besuchen kämen. Wenn wir uns auf unseren Wegen begleiten, uns auf die Besuche freuen und uns gegenseitig vielleicht sogar helfen könnten. Und sieh es mal so, sie hängt nicht an der Nadel, geht nicht auf den Strich, läuft auch nicht Gefahr, im Knast zu landen. Von all dem ist das Gegenteil der Fall. Also lassen wir sie

einfach los." „Mein Gott, ich hatte noch nie das Gefühl, so versagt zu haben wie bei ihr. War ich denn wirklich eine so furchtbare Mutter, hab ich wirklich so viel falsch gemacht?" „Mensch, Wiebke, nun hör auf mit der Selbstkasteiung. Klar, wir scheinen da einiges verbockt zu haben. Ich genauso wie du. Und mein Bauch hat auch versagt, ich habe ihn zu dem Thema jedenfalls nicht gehört. Wir haben aber keine Chance, das wieder gutzu machen oder schon gar nicht, es beim nächsten Mal besser zu machen."
„Gott bewahre, bloß das nicht mehr. Aber vielleicht bei Felix und Jakob?"
„Untersteh dich, meine Süße. Wir sind da Oma und Opa und haben mit der Erziehung der beiden Sonnenscheine rein gar nichts zu tun. Ansonsten droht die nächste Katastrophe."
Und so fanden wir uns damit ab, wie es nun mal war.

Jens und Reiner

Von Jens ist zu berichten, dass es ihm eine ganze Zeit lang äußerst miserabel ging. Der arme Kerl, ich weiß, andere würden sagen, der blöde Hund, geriet in zwei klassische Fallen. Die erste war, sein Handy nicht gesperrt auf dem Frühstückstisch liegen zu lassen und zum Klo zu gehen. Lisa, seine liebe Frau, konnte der Versuchung nicht widerstehen, die gerade bei ihm eingegangene WhatsApp zu lesen. Zu seiner Entlastung, WhatsAppwar gerade erst erfunden, und dass der Anfang der eingegangenen Inhalte auf dem Display gezeigt werden würde, war ihm gar nicht so bewusst. Die Nachricht kam von Angela Himmel, und der Inhalt war mehr als eindeutig. AlsLisa dann die anderen von ihr geschickten Nachrichten las, war alles gelaufen. Natürlich konnte sie drei und drei zusammenzählen und wusste sofort, dass das Verhältnis zwischen Jens und Angela schon Jahre lief. Ihre erste Tat danach war eine schallende Ohrfeige für Jens, als der vom Klo zurückkam.

Ihre zweite Aktion, sein Rausschmiss. Und nach drei Tagen in einer Pension machte er seinen zweiten schweren Fehler. Er zog zu Angela. Was über viele, viele Jahre so toll lief, jetzt dauerte es keinen Monat, und ihr Verhältnis lag in Scherben. Jens nahm sich eine Wohnung, und Angela verließ uns. Nun litt ich also auch mit, denn Angela Himmel war absolut eine Motivation für mich, in die Praxis zu kommen. Einen gleichwertigen Ersatz haben wir nicht mehr gefunden. Mit Lisa, der ja das Haus, in dem unsere Praxis war, gehörte, konnte ich einen annehmbaren Mietvertrag verhandeln, obwohl sie Jens am liebsten auch hier rausgeschmissen hätte. Die Scheidung war dann reine Formsache. Jens' Versuche, möglichst schnell wieder eine Frau zu finden, scheiterten erstaunlich regelmäßig. So lebten meine beiden Freunde, Jens in Köln und Reiner in Hamburg, als Junggesellen, denn auch Reiner hatte kein Glück mit seinen Partnerinnen. Der vor Jahren schon angekündigte Besuch mit seiner damals neuen großen Liebe Eve kam nie zustande. Nach drei Monaten war die große Liebe schon wieder Vergangenheit. Dafür machte sich Reiner mit einer Praxis für Chirurgie selbstständig, arbeitete sehr viel, und er verdiente mehr, als er ausgeben konnte. In Verbundenheit zu seiner alten Heimat Stuttgart kaufte er sich einen Porsche. Nachdem ihm dann gesagt wurde, dass dieses Auto bei ihm wie ein Abschleppwagen wirke, blieb er bei der Stuttgarter Autowelt, wechselte nur zu Mercedes. Im vornehmen Blankenese kaufte er sich eine große Altbauwohnung, einen Steinwurf von der Elbe entfernt, in der Kösterbergstraße. 134 qm, ganz für ihn allein. Aber natürlich hatte er eine Frau angestellt, die ihm die Wohnung sauber hielt, manchmal sogar etwas fürihn kochte. Mindestens einmal im Vierteljahr trafen wir uns. Einmal in Köln, das nächste Mal in Hamburg.

Wir alle wurden, was Wunder, älter und

älter. Jens und ich waren uns einig, mit über 60 sollten wir unseren Nachfolger suchen. Und so suchten und fanden wir einen. Wiebke hat mit ihrer inzwischen wirklich sehr beachtlichenAgentur das Gleiche getan. Davor hat sie sich Zeit genommen, und sie hat sich kommunalpolitisch engagiert. Und da sie das, was sie macht, immer mit voller Power macht, landete sie im Stadtparlament und damit in ihrem neuenElement. Keine Rentnerin mit Busreisen und Töpferkurs werden, viel lieber aktiv Politik machen. Wie wir Wiebke kennengelernt haben. Ich brauchte die Politik nicht, hatte auch so als Rentner keine Zeit.

Im März 2022 las ich dann in der Süddeutschen Zeitung vom deutschen Watergate. Ich fühlte mich sofort zurückversetzt ins Jahr 1985, ins Büro von Herrn Klein. Ich konnte kaum glauben, was ich da zu lesen bekam. Adenauerhat fast 10 Jahre lang bewusst und nur zu seinem eigenen Nutzen die SPD vom BND ausspionieren lassen. Ich verschlang Zeile um Zeile, aber ich hörtedoch nur den Herrn Klein reden. Was ich, und allen denen ich davon erzählte, für eine erfundene Geschichte des Herrn Klein hielten, war Wirklichkeit. Das Unvorstellbare ist geschehen, der Kanzler der Bundesrepublik, der Vater des Grundgesetzes, er hat tatsächlich fast zehn Jahrelang, sein Kind, das Grundgesetz, mißbraucht.

Mit Reiner am Rhein

Köln, März 2024

Reiner war zu seinem schon traditionellen Besuch gekommen. Auch Tradition, fand am zweiten Tag seiner Besuche ein Spaziergang am Rhein mit anschließendem Mittagessen bei Jens statt. Als wir losgingen, schon gleich um 9.30, waren es bereits immerhin schon 10 Grad. „Wie immer 13 Uhr bei Jens?", fragte Reiner. „Ja, bei Jens und Nele."

„Echt jetzt? Hat er es endlich geschafft, nach seiner Scheidung wieder was Festes zu finden?" „Ja, hat er. Aber nicht ganz so, wie du denkst. Nele geht ihm bis zum Knie und hat ganz, ganz viel Haare." „Du liebe Zeit, er ist auf den Hund gekommen! Was für eine Rasse ist es denn?"
„Reinrassiger Mischling. Aber ein wahrer Glücksgriff und so süß, dass er sie niemals beim Supermarkt anbinden würde. Spätestens nach fünf Minuten wäre sie geklaut. Du wirst sie ja nachher kennenlernen." „Na dann, bin gespannt." Wir liefen die Hauptstraße entlang, und im Nu waren wir am Rhein. Na gut, der Rhein ist nicht der Atlantik, aber trotzdem wunderschön. In der Ferne sahen wir schon das erste Schiff der weißen Flotte uns entgegenkommen. Klar, für die KD (Köln/Düsseldorfer) war jetzt schon Vorsaison. Ich hatte Reiner einen Entwurf meiner Story über Adenauer schonvor seiner Reise zu uns geschickt. Auf dem Weg zu Jens konnten wir jetzt wunderbar darüber reden. „Hast du bevor du meine

Geschichte gelesen hast gewusst, dass Adenauer die SPD ausspionieren ließ?", fragte ich ihn. „Nö, das habe ich nicht mitbekommen. Wann stand es denn in der Zeitung?" „Schon im März 22 habe ich es in der SZ gelesen. Aber wie du bei mir gelesen haben wirst, wusste ich es schon seit 1985." „Warum hast du mir denn damals nichts davon erzählt?" Reiner schaute mich fragend an. „Ganz einfach, du warst weit weg, und ich hätte es dir am Telefon erzählen müssen. Ob du es glaubst oder nicht, ich hatte eine Heidenangst, dass unser Telefon abgehört und Klein mir, wegen meines Versprechens, mit niemandem über unsere Gespräche zu reden, die Hölle heiß machen würde. Ich hatte quasi eine Kleinphobie. Und dann habe ich auch wirklich geglaubt, dass das, was er mir erzählt hatte, nichts anderes als eine Spinnerei von ihm war. Letztlich habe ich es dann so gut wie vergessen."

„Warum willst du es denn jetzt veröffentlichen? Willst du der CDU eine reinwürgen?" Der kritische Blick von Reiner war unverkennbar. „Zunächst mal Quatsch, das mit dem 'Reinwürgen'. Als ich in der Süddeutschen las, dass nach Ablauf der Sperrfrist der Akten des BND, diese und die Aufzeichnungen der Konrad-Adenauer-Stiftung ausgewertet wurden und damit klar belegt wurde, dass Adenauer von seinem Geheimdienst die SPDausspionieren ließ, traf mich der Schlag. Als ich dann die Veröffentlichung des Historikers Henke las, hatte ich ein eindeutiges Déjà-vu-Erlebnis. Kleinsprach wieder zu mir. Sogar die Abkürzungen stimmten. Z war Siegfried Ziegler vom BND, O Siegfried Orloff, im SPD-Vorstand, zuständig für die Abwehr kommunistischer Unterwanderung der SPD. Henke hat mit einer Historikerkommission die Akten von BND und Adenauer-Stiftung ausgewertet, und er kommt zu dem Schluss, dass die gesamte Amtszeit Adenauers von Machtmissbrauch, Geheimnisverrat und Dienstvergehen gekennzeichnet war. Und genau aus diesem Grund wurde Gehlen auch so von Adenauer und Globke geschätzt. In seinem Buch legt Henke offen, was alles von Orloff an Geheimnissen aus der SPD direkt auf den Schreibtisch des CDU-Kanzlers gelandet ist. Wie mir Klein es berichtet hat, fast zehn Jahre lang. Einfach unvorstellbar. Und natürlich hat Adenauer auch die FDP von Gehlen ausspionieren lassen. Das alles war für Adenauer selbstverständlich. Kaum zu glauben, aber wahr, Adenauer ein Verbrecher allerhöchste Güte!" „Nun mal langsam, Tom. Adenauer hat doch wahnsinnig viel für Deutschland getan. So einen nennt man doch nicht einfach einen Verbrecher." „Nun mal langsam, lieber Reiner. Natürlich hat Adenauer viel für unser Land getan. Das bestreite ich ja gar nicht. Aber das haben auch andere Kanzler, und mit denen sind wir anders umgegangen."

Das Ausflugsschiff Loreley fuhr gerade an uns vorüber, und wie immer winkten einige Gäste zu uns herüber. Artig, wie wir nun mal waren, winkten wir zurück. Dafür, dass wir noch so früh im Jahr dran waren, war das Schiff schon richtig gut besucht. „Im Übrigen", fuhr Reiner fort, „ich bin Adenauer dankbar dafür, dass er uns die Kommunisten erspart hat." „Das ist jetzt nichtdein Ernst, Reiner?" Ich war ehrlich entsetzt. „Du willst doch nicht wirklich Willy Brandt als Kommunisten bezeichnen?" „Mein Gott, das waren andere Zeiten. Die SPD war doch damals viel linker als heute. Ist doch gut, dass derAlte da aufgepasst hat." „Dass du CDU-gläubig bist, hat mich nie gestört, aber wenn du so weit gehst, diese Verbrechen von Adenauer einfach zu ignorieren, dann fehlt mir dafür jedes Verständnis." Ich war wirklich entsetzt, so parteiisch habe ich Reiner vorher nie erlebt. „Mensch Tom, Adenauer hat ganz viel für Deutschland geleistet, habe ich doch schon gesagt. Den nennt man doch nicht einfach Verbrecher." „Und ich sage dir, wir haben schon Kanzler für deutlich weniger Vergehen abgestraft." „So, wen denn?", wollte Reiner wissen. „Na, denk mal an deinen Helmut Kohl. Für mich, der ich ihn nie gewählt habe, vielleicht der letzte Kanzler, der wirklich europäisch gedacht und gehandelt hat. Außerdem hat er nicht ohne Risiko die Früchte geerntet, die Willy Brandt gesät, Gorbatschow begossen und die mutigen DDR-Bürger zum Reifen gebracht haben. Er war es, der Deutschland wiedervereinigt hat. Ohne Frage große Verdienste. Dann hat er mit seinemBimbes-Fimmel alles wieder kaputt gemacht. Wegen Untreue sollte er verurteilt werden, das Verfahren wurde nach Zahlung einer Geldstrafe eingestellt. Dann sorgte Merkel dafür, dass ihm der CDU-Ehrenvorsitz abgenommen wurde, und auch sonst wollte in der Hochzeit des CDU-Finanzskandals von Kohl niemand mehr irgendwas wissen." „OK, Kohl hat da Mist gebaut. Ich fand es auch nicht so toll, wie meine Partei mit ihm umgegangen ist. Aber zu seiner Beerdigung waren doch alle wieder da."

„Mensch Reiner, was hast du denn heute Morgen geraucht? Kohl konnte sich nur mit einem Kuhhandel davor bewahren, verurteilt in den Knast zu kommen, weil er nämlich schlicht unsere Gesetze gebrochen hat. Aber alles nicht so schlimm?"

„Mein Gott Tom, nun komm mal wieder runter. Also gut, Kohl wurde zurecht sanktioniert. Einverstanden. Und welcher Kanzler noch?" „Nimm Schröder. Hat ebenfalls seine Verdienste für Deutschland. Als vielleicht erster deutscherKanzler widersetzte er sich der Wunschforderung von George W. Bush und verweigerte die geforderte Beteiligung deutscher Soldaten, überhaupt deutscher Beteiligung am, wie sich herausstellte, völkerrechtswidrigen Krieg gegen den Irak. Die CDU war außer sich, und Frau Merkel war sich nicht zu schade, um zu George W. zu pilgern, um sich im Namen des deutschen Volkes bei den

Amis für diesen aufmüpfigen Kanzler zu entschuldigen. Und auch seine, übrigens von der CDU so hochgelobte Agenda, sie hat Deutschland sichtlich auch Jahre später noch gut getan. Übrigens war es Schröder damals klar, dass er durch seine Agenda sehr, sogar sehr viele Stimmen seiner bisherigen Wähler verlieren würde. Er hat damals tatsächlich als Kanzler das Wohl des Landes über das seiner Partei und sich selbst gestellt. Keineswegs alltäglich."
„Ich habe ihn auch damals schon nicht gewählt", meinte Reiner sagen zu müssen. „Hätte auch niemand von dir erwartet, mein Lieber. Aber weiter: Dann fällt Schröder aus der Zeit. Er glaubt, nur weil er vom Despoten Erdogan in der Türkei als Exkanzler einige deutsche Journalisten aus dessen Kellergefängnissen befreit hat, könne er auch seinem Busenfreund Wladimir zum Frieden mit der Ukraine überreden. Das kommt davon, wenn man sich für einen Hahn hält, der glaubt, dass die Sonne nur aufgeht, weil

er gekräht hat. Natürlich ist es aus der Zeit gefallen, wenn Schröder nach wie vor in Nibelungentreue zum Kriegsverbrecher Putin hält. Gegen ein Gesetz hat er damit aber nicht verstoßen. Trotzdem wollten ihn seine eigenen Genossen aus der SPD rausschmeißen, ihm wurden sämtliche Ehrungen, wie zum Beispiel Ehrenbürgerrechte, entzogen. Auch wenn es anders begründet wurde, man hat ihm sämtliche Privilegien eines Exkanzlersweggenommen. Deine CDU hat sogar gefordert, man solle ihm seine sämtlichen Versorgungsansprüche streichen. Und noch mal, gegen ein Gesetz hat er nicht verstoßen. Also, beide haben Verdienste, beidehaben Mist gebaut, beide wurden abgestraft, auch von ihren eigenen Parteien. So weit, so gut. Aber die Vergehen, die sich Kohl und Schröder geleistet haben, sind doch ein Witz gegen die skandalösen Vergehen eines Konrad Adenauer." „Mensch Tom, du musst doch aber zugeben, dass das uralte Kamellen sind. Das alles interessiert doch keinen Menschen mehr."

„Reiner, denk mal an Richard Nixon mit seinem Watergate. Die ganze Welt betrachtet ihn für sein Ausspionieren der Demokraten bis heute als Verbrecher, und niemand wollte eine Scheibe Brot mehr von ihm nehmen. Johnson als sein Nachfolger hat ihn dann, wie in den USA üblich, begnadigt und vor dem Knast bewahrt. Aber Nixon war politisch und wohl auch gesellschaftlich tot. Aber Watergate ist doch Kindergeburtstag gegen Adenauers Verbrechen. Und der, der diesen politischen Skandal zu verantworten hat, der ausschließlich aus Gründen seines persönlichen Vorteils, um sich an der Macht zu halten, das Grundgesetz mit Füßen getreten hat, dieser Verbrecher ist immer noch die Ikone der CDU. Er wird weiterhin von deiner christlichen Partei als Monstranz vor sich hergetragen."

„Jetzt spinnst aber du, mein lieber Tom.

Wer spricht denn in der CDU noch von Adenauer oder trägt ihn gar als Monstranz vor sich her?" „Na ihr CDU'lereben." „Ist doch Quatsch. Oder nenne mir mal ein Beispiel." Auch Reiner kamnun in Fahrt. „Da kann ich dir gleich zwei ganz aktuelle nennen, mein lieber Reiner. Dein neuer CDU-Generalsekretär Linnemann, der Freund der Wirtschaft, hat eurer CDU ein neues Logo verpasst. Ganz aktuell erst. Die beiden neuen Farben der CDU nennt Herr Linnemann wie?" „Keine Ahnung".

„Er nennt sie Cadenabbia-Blau und Rhöndorf-Blau. Klingelt es? Dieses neueLogo soll Adenauer symbolisieren. Wie jedermann weiß, hat Adenauer als Kanzler zehn Jahre lang in Cadenabbia Urlaub gemacht, und in Rhöndorf hat er gewohnt. Auch Ende 2023 ist Adenauer für euch immer noch das Aushängeschild." „War mir ehrlich so gar nicht bewusst. Und dein zweites Beispiel?" Ich merkte, Reiner wurde etwas kleinlauter. Die Wellen eines vor kurzer Zeit vorbeigetuckerten Frachtschiffes rollten erst jetzt ans Ufer. Nicht so groß, dass man darauf hätte surfen können, aber immerhin. „Das zweite Beispiel ist eure Kaderschmiede, die fleißig mit Steuergeldern gesponsert wird. Na, wie nennt ihr die?" „Ha, ha, ha! Aber damit du glücklich bist, ja, wir nennen sie Konrad-Adenauer-Stiftung." „Jetzt musst du nur zugeben, dass ihr dort eure neue Elite in Spionage ausbildet!" „Jetzt frage ich aber dich, was du heute Morgen geraucht hast?" Immerhin verzog sich Reiners Mund zu einem Grinsen.

Es war ein goldener Märztag. Die Sonne spiegelte sich im Wasser, das erste Weiß der Weißdornbüsche hob sich strahlend von den noch kahlen Bäumen ab. Vereinzelt hatten sich sogar bunte Krokusse am Wegrand verirrt. Im Grunde ein viel zu schöner Tag, um über Politik zu streiten. Aber wir hatten noch ein ganzes Stück Weg vor uns, und streiten kann man auch bei schönem Wetter und beginnendem

Frühling. Also weiter. „Sag Reiner, lässt dich das, was du jetzt über Adenauer gehört hast, wirklich völlig unbeeindruckt?" „Natürlich nicht völlig, da gebe ich dir schon recht. Aber noch mal, das ist doch alles schon Jahre her, lohnt es sich, sich darüber noch so aufzuregen?" „Ja, ich bin fest davon überzeugt!" „So kenn ich dich gar nicht. Mein Freund Tom war doch bislang immer einer, der von zu großem Engagement nicht viel gehalten hat. Es kümmert sich doch auch sonst auch keiner um diese Sache mehr. Warum du, und was willst du erreichen?"
„Reiner, es geht mir schlicht um unsere Demokratie, und das meine ich völlig ernst.
Unsere Demokratie wurde vom mächtigsten Politiker seiner Zeit mit Füßen getreten, und seine Nachfolger interessiert das alles nicht die Bohne. Ich hätte übrigens nie gedacht, dass ich das Land, das einen korrupten Kurz und eine FPÖ in Regierungsverantwortung gewählt hatte, sich momentan

vorbildlich demokratisch verhält." „Du meinst Österreich? Wieso?" „Gleich, lass uns erst mal der Familie Platz machen." Uns überholte eine Familie mit ihren Fahrrädern. Vorn Vater, dann ein etwa dreijähriges Mädchen, dahinter die Mutter. Wie eine kleine Entenfamilie, und die Kleine strampelte mächtig auf ihrem kleinen Rädchen. Irgendwie erinnerte sie mich an die Lämmchen auf den Pollerwiesen. „Ja, ich meine die Österreicher. Es war für mich schonüberraschend, dass sie erstens ihren Exkanzler Kurz tatsächlich wegen Falschaussage verurteilt haben, viel wichtiger aber, sie haben dem ehemaligen Staatssekretär von Adenauer, genau dem Herrn Globke, gerade erst jetzt, dem ihm von Österreich übergebenen Orden postum aberkannt."

„Sei ein Freund, klär mich auf." „Ich bin dein Freund, ich klär dich auf. 1956 hat der damalige österreichische Kanzler bei seinem Staatsbesuch in der Bundesrepublik Adenauer und Globke das goldene Ehrenzeichen am Bande verliehen. Jetzt ist den Österreichern aufgefallen, dass sie damals einem Nazi diesen Orden verliehen haben. Schwups, haben sie, natürlich gegen die Stimmen der FPÖ, ein Gesetz verabschiedet, das ihnen erlaubt, Orden wieder abzuerkennen, wenn sie zum Beispiel an Personen verliehen wurden, die am Mord des jüdischen Volkes beteiligt waren." „Das heißt, für die Österreicher ist klar, dass in Deutschland der zweitwichtigste Mann hinter Adenauer am Mord der Juden beteiligt war?" Jetzt sah Reiner wirklich betroffen aus. „Genau, für die Österreicher ist Globke ein Nazi." „Aber der Globke war doch gar nicht in der NSDAP, sonst hätte ihn Adenauer doch gar nicht genommen." „Natürlich wusste Adenauer, dass Globke ein Nazi war, es störte ihn nur nicht. Globke wollte in die NSDAP, weil er aber bis 1933 im katholischen Zentrum war, hat man ihn nicht aufgenommen. Wie sich herausstellte, sein Glück, es wurde seine stärkste Ausrede." „Also dann doch kein Nazi, wie es auch Barzel immer sagte." „Natürlich war er einer, und sogar was für einer. Er war Jurist, und als solcher ganz maßgeblich an der Kommentierung und damit Auslegung der Nürnberger Rassengesetze beteiligt. Er hat festgelegt, dass die Juden juristisch von den Deutschen ausgegrenzt wurden. Auf seinem Mist sind nicht nur die Schikanen an den Juden gewachsen, er hat ganz eindeutig auch ihre industrielle Ermordung vorbereitet. Seine Zusammenarbeit mit Hitler war so gut, dass Hitler ihm 1941 das Treudienst-Ehrenabzeichen an die Brust heftete. Aber was Hitler konnte, das konnte Adenauer natürlich auch.

Und so hat er diesem Nazi bei seinem Eintritt in den Ruhestand 1963 das Großkreuz des Verdienstordens der Bundesrepublik Deutschland verliehen."
„Und warum machen wir das nicht jetzt auch wie die Österreicher?" Reiner schien wirklich verwirrt. „Weil wir ein

solches Gesetz zur Aberkennung nicht haben. Übrigens hat Bundespräsident Steinmeier erklärt, eines seiner wichtigsten Anliegen sei, die Stärkung und die Förderung unserer demokratischen Werte. Wenn er das auch nur annähernd ernst meint, ist überhaupt nicht mehr zu verstehen, wieso der, der unsere demokratischen Grundwerte mit Füßen getreten hat, immer noch einer der drei Träger des überhaupt höchsten Ordens der BRD ist! Wenn Steinmeier sein wichtigstes Anliegen wirklich ernstnehmen würde, dann würde er die Initiative ergreifen und ein Gesetz von der Regierung fordern, die eine Aberkennung von Orden möglich macht. So wie es die Österreicher vorgemacht haben. Dann könnte man auch diesem Schänder des Grundgesetzes, Konrad Adenauer, diesen Orden wieder abnehmen. Wäre zwar auch nur ein Symbol, aber ein wahnsinnig wichtiges. Es wäre einfach wichtig für die Stärkung und für die Hygiene unserer immer schwächer werdenden Demokratie. Dazu müsste er aber Kraft und Mut haben." „Na gut, dann vergiss es. Gerade Mut ist nicht seine Stärke."

Punkt für Reiner. „Aber Reiner, bevor wir das Thema abschließen, eine Frage habe ich noch nach unserer heutigen Diskussion." „Und die wäre?" „Dein großer Parteivorsitzender, der Sauerlandbraten Friedrich Merz, der wurde von der SZ sowohl zu diesem Watergate XXL wie auch zu Herrn Globke befragt. Zu Watergate kam nur, „olle Kamellen, alles längst bekannt", was definitiv so nicht stimmt, denn vor Auswertung der Akten war diese Dimension des Verrats völlig unbekannt. Zu Globke kam gar kein Kommentar. Dieses Verdrängen und nicht wahrhaben wollen, dies mag ja politisch sogar erfolgreich sein, aber ist es einer demokratischen Partei auch würdig?" „Mein Lieber, du hast wirklich viel von deiner Wiebke gelernt." „Wieso?" „Weil auch du es jetzt schaffst, die Menschen da hinzubringen, wo du sie hin haben willst. Also gut, meine Antwort: Um ehrlich zu sein, am liebsten würde ich mich jetzt um eine Antwort drücken. Da du aber wohl doch keine Ruhe gibst, nein, ich würde gern von meiner Partei sehen, dass sie eindeutig dazu Stellung nimmt und tatsächlich den Adenauer-Kult, den du mir ja vorhin ganz breit unter die Nase gerieben hast, aufgibt. Politisch wäre so etwas aber nur unklug und deshalb auch nicht zu erwarten. Zufrieden?" „Sehr, denn eine andere Antwort von einem Freund, von dem ich weiß, dass er politisch anders tickt als ich, hätte ich nicht erwartet. Ich bin ehrlich froh darüber, dass wir hier in unserer Bewertung übereinstimmen." „Und wie bist du auf die Idee gekommen, das alles in einen Roman zu packen." „Da bist du gar nicht so unschuldig dran." „Also bei aller Freundschaft, ich habe dich bestimmt nicht motivieren wollen, schlecht über die CDU zu reden. Dafür bin ich nun wirklich zu schwarz." „Und doch bist du nicht ganz unschuldig, mein lieber Reiner." „Erzähl, ich bin gespannt." „Als wir von Hamburg weggezogen sind, ich weiß, es ist viele Jahre her, da mir ein Freund, ich glaube, er hieß Reiner, etwas mit auf den Weg gegeben. Erinnerst du dich?" „Nur schwach, aber erzähle!" „Nun, dieser Reiner gab mirein Zitat von Erich Kästner mit auf den Weg. Es gibt nichts Gutes, außer man tut es." „Ja, ich entsinne mich." „An diesen Spruch habe ich gedacht, als ich das mit Adenauer geschrieben habe. Es bringt nichts, wütend darüber zu sein, dass Adenauer immer noch als der große Kanzler gefeiert wird, obwohl er in meinen Augen ein Vergewaltiger des Grundgesetzes, seines Grundgesetzes, ist. Mit meiner Wut erreiche ich nichts. Ich weiß natürlich auch, dass ich mit meinem Roman nicht wirklich etwas erreiche. Aber ich hab was getan, und allein darauf kam es mir an. Und ich wollte meinem Freund Reiner beweisen, dass ich seine Ratschläge auch umsetze! Auch wenn es Jahre dauert." „Komm, lass dich umarmen, bin stolz auf dich, auch wenn ich mir gewünscht hätte, du hättest deine guten Taten nicht unbedingt an meiner Partei ausgelassen.

Aber jetzt Schluss mit der Politik. Sag mir lieber, ist die Emma-Wunde bei dir und Wiebke langsam dabei zu verheilen?" „Ach, weißt du, Reiner, diese Wunde wird wohl niemals ganz verheilen. Schon deshalb nicht, weil wir einengroßen Teil des Zerwürfnisses selbst zu verantworten haben. Wir telefonierenzu den Geburtstagen und zu Weihnachten. Immerhin. Die Herzlichkeit und die Tiefe dieser Telefonate ähneln aber eher Glückwünschen eines Versicherungsvertreters, der dir nur gratuliert, weil er meint, das würde zur Kundenbindung dazugehören. Oder weil Wiebke ihn dazu verdonnert hat. Wir haben die Hoffnung auf eine richtige Versöhnung noch nicht aufgegeben.Wiebke meint, es wäre auch eine Art Rache des Schicksals, weil wir mit ihrenEltern eben auch gar keinen Kontakt mehr hatten. Ihre Eltern haben uns überGlaubensbrüder dann sogar mitteilen lassen, dass wir auch zu ihren Beerdigungen nicht erwünscht wären. Ganz so schlimm ist es zum Glück mit Emma noch nicht. Aber die Hoffnung auf eine wirklich herzliche Versöhnung, die wird in der Tat weniger." Wir waren am Sachsenring angekommen. Nun war es nicht mehr weit bis zur Wohnung von Jens. Wir waren beide durchgeschwitzt, was eindeutig mehr an der Märzsonne lag als an unserer hitzigen Diskussion. Reiner fuhr fort: „Und sag, wie geht's der Familie Bosse-Johansson?" „Zum Glück läuft da alles wie ein Länderspiel. Bosse hat sich ja auf Erbrecht spezialisiert. Er meint, er könnte locker noch das Dreifache an Streitigkeiten abwickeln, wenn die Kanzlei die Kapazitäten hätte. Sein Standardspruch ist, wenn er hört, dass in einer Familie alles wunderbar harmonisch läuft:

„Haben Sie schon geerbt?" Na ja, und seine Gabi ist einfachein Prachtmädchen. Obwohl Mädchen natürlich Quatsch ist, sie ist einfach eine tolle Frau. Felix und Jakob sind mir zwischenzeitlich schon über den Kopf gewachsen, kommen aber immer noch gern zu uns, und wir sind darüber natürlich sehr glücklich. Baumhaus bauen, das gehört endgültig der Vergangenheit an. Es hört sich böse an, aber ich bin sehr froh, dass Emma sich entschlossen hat, keine Kinder zu bekommen. Es ist schon schwer genug, dass wir keinen Kontakt zu ihr haben. Enkel zu haben und die überhaupt nicht zu kennen, das wäre die absolute Hölle für uns."

„Und wie läuft es mit Wiebke?" „Weißt du, manche Ehen gehen an einem Drama wie dem mit Emma elend vor die Hunde. Bei uns war es umgekehrt. Wir sind noch ein Stück fester zusammengerückt. Zum Glück wurde sie bei der letzten Kommunalwahl wiedergewählt. Die arme

Oberbürgermeisterin Reker hat es nicht leicht mit ihr. Auch nach all den Jahren hier in Köln, meine Wiebke ist Hamburgerin geblieben, und Kölscher Klüngel geht bei ihr nun malgar nicht. Aber das hält sie jung, verbraucht ihre Energien, und ich brauch nurzuhören. Aber jetzt wird es höchste Zeit für uns. Jens warten zu lassen, wäre unhöflich, aber seinen rheinischen Sauerbraten warten zu lassen, das wäre einfach unverzeihlich!

ENDE

DANKE
Mag sein, dass jede Schriftstellerin, jeder Schriftsteller, nach Abschluss eines Romans erst mal unsicher ist, ob denn sein Werk wirklich etwas taugt. Bei diesem, meinem ersten Roman, ist dieses Gefühl bei mir fast übermächtig gewesen. Deshalb bin ich Prof. Dr. Heribert Prantl besonders dankbar, dass er sich nicht nur die Zeit genommen hat, um den ersten Entwurf meines Romans zu lesen, sondern mir

auch Mut gemacht hat, dranzubleiben. Martin und Astrid haben mir dann so richtig auf die Sprünge geholfen, die beiden Gabis mir wichtige Impulse gegeben und Frank und Lisa, Peter und Walter mich mit nötigem Mut versorgt. Und Mut wurde mir auch von meinen Töchtern Claudia und Sandra zugesprochen und bei technischen Problemen geholfen, mein Enkel Julius hat Stunden mit mir für die Aufnahme eines Hörbuchs vom Roman zugebracht. Dreimal musste meine Frau Rita den Roman lesen und dann sagte sie: OK, kannst es so lassen!

www.ingramcontent.com/pod-product-compliance
Ingram Content Group UK Ltd.
Pitfield, Milton Keynes, MK11 3LW, UK
UKHW020857181224
452569UK00012B/693